Hans W. Wolff

Im reifere Alder

Inhalt

Vorwort

De Willi Umbach, mein Keeschelbruder vom Verein „Alle Neun“, hat mir bei eim von unsere Sennjornkeeschelabende emaa en Zeddel mit folschendem Geedeziddat zugeschdeggt:

„Der Dialekt ist doch eigentlich das Element, in welchem die Seele ihren Atem schöpft.“

Schbäder, beim Ebbelwei, hadder misch schwer gedrängelt, isch sollt doch endlisch emaa e Fortseddsung von „Mir rüsdische Sennjorn“ schreiwe. Des Bischelsche deht doch so viele Leut gefalle. Die deede sisch garrandiert iwwer e Fortseddsung freue. Im iwwrische hätt de aale Geede aach en Faust zweider Teil geschriwwe. Dadraa sollt isch mer e Beischbiel nemme, un des sollt isch mer als leuschdendes Vorbild vor Aache halde.

Er hat ja net unrescht, de Willi. Mer erlebt ja wägglisch im reifere Alder als noch ganz knaggische Sache. Un es geht eim ja wägglisch allerhand dorsch de Kobb, was mer annere Bestäädcher villeischt net vorendhalde sollt.

Also hab isch misch am Rieme gerisse un Faust 2, Enschuldischung!, e Fordsetzung von „Mir rüsdische Sennjorn“, geschriwwe. Allerdings mit em annere Tiddel. Mir sinn ja allminanner inzwische e bissi älder geworn un, wenn mer ehrlisch sinn, net mehr ganz so rüsdisch wie vor zeh Jahr.

Isch hoff jedenfalls, dass Ihr Seel beim Lese orndlisch dorschatme kann un Ihr Lachmusgele orndlisch in Beweeschung komme.

Macheses gut!

Hans W. Wolff

Es geht um unser Gehern

„Wenn das Gehirn älter wird". So heißt des Buch, des der holländische Neuropsyscholooche André Aleman geschriwwe hat.

Des Buch hat misch so was von beruischt, ja, un erleischdert. Warum? Isch saachs Ihne.

Unner dene Aldersbeschwerde, die misch am meisde ärschern, is ganz vorne draa mei Vergesslischkeit. Isch vergess Tellefonnummern, Geborzdaache, Naame von Schdraaße in unserm Schdadtverdel, sogaa Naame von Nachbarn.

Gut, isch hab allerhand Tricks, wodemit isch solsche Schwäsche e bissi verschdeggele kann. Wenn isch momendaan net uff den Name von dere Fraa neweaa komm, dann redd isch se eifach mit „Fraa Nachbarin" aa.

Fraacht misch aaner, wo des Iranische Konsulat is un isch komm ums Verbladdse net uff die Raimundschdraß, dann saach isch villeischt „zweide Schdraaße reschts, direkt geescheiwwer vom Aldi".

Awwer des nur newebei. Viel wischdischer fer misch, un fer Sie, im Fall Sie ehnlische Brobleme hawwe, is Folschendes: Mir brauche uns fer unser Vergesslischkeit iwwerhaubd net mehr zu schäme. Die is normal. Schdinknormal.

Wer iwwer fümmunseschzisch is, bei dem lässt des Korzzeitgedäschdnis drammaadisch nach, säscht der holländische Neurosowwiso. Aale Mensche sinn dümmer als wie junge, nix zu mache.

Allerdings könne die Sennjorn, isch ziddier de Herr Aleman „allseits befriedigende Lösungen komplexer und konfliktgeladener Situationen besser konzipieren als junge". Des klingt zwar e bissi geschwolle, awwer es is e prima Medizin geesche Minderwerdischkeitsgefiehle bei uns Sennjorn.

Der Holländer hat iwwrischens noch e paar gude Radschleech parat, wie mer sei Gehern aach im Alder noch einischermaße fit halde kann.

Isch fass zusamme: Viel lese, schreibe, nachdenke. Viel Beweeschung, wenisch esse, viel Wasser trinke (von Rotwein säscht er leider nix, obwohl isch den liewer trink als Wasser), soziale Beziehunge fleesche, in erer liebevolle Paddnerschaft lewe. Mööschlischst en Sinn fer Humor hawwe. Villeischt e Haustier halde.
Am beste, Sie schreiwe des schee uff un henges sischs iwwer Ihne Ihrn Schreibdisch.

Was isch persönlich gern hinzufüüschen möschte: Lesese als emaa aans von meine Bischer. Des setzt Ihr Lachmusgele in Beweeschung, un des is aach gut fers Gehern.

Habt Nachsischt mit Eusch selwer!

In eim von seine Bischer hat der Engländer Oscar Wilde emaa geschriwwe, er könnt allem widderschdehe, nur der Versuchung net. Der Mann is mir sehr simmbadisch. Der un isch, mir sinn Gleischgesinnde.

Es is ja so: Uns aale Leut redd mer alle naslang ei, mir sollte Dissiblin halde, frieh uffschdehe, reeschelmeeßisch Schbort treiwe, weenisch esse, vor alle Dinge weenisch Fleisch, Allgohol meide, middem Bloddsche uffheern, edzeddera pepe. Die List is lang.

Es is ja alles schee un gut. Schdimmt ja aach mehr odder wenischer. Fungsjonniert bei mir awwer net. Jedenfalls net nachhaldisch. Isch gebbs zu: Isch bin ein fehlbarer Mensch. Von owwe bis unne. Un Leut mit eiserner Dissiblin sinn mir unsimmbadisch. Un e bissi verdäschdisch. Isch saach Ihne gleisch warum.

Was misch bedrifft, isch hab Nachsischt mit mir selwer. Aus alder Erfahrung waaß isch: Gude Vorsätz halde e Zeit lang, awwer net lang. Mir sinn allminanner kaa Engel, emaa abgesehe von de Mudder Teresa un so Leut.

Wenn Se misch fraache: Isch schlaach gern als emaa iwwer die Schdreng. Des duht mer gut, des bringt e bissi Abweggslung in des dääschlische Einerlei.

Isch bitt Sie: Warum soll isch net ab un zu emaa bis um Uhre Zeh odder Elf im Bett liesche bleiwe, wenn mir dadenach is? Wen schdörds? Isch musst in meim Berufslebe braggdisch immer um sechs odder siwwe ausem Bett hibbe. Des muss ja im Ruheschdand net als so weider geh, odder?

Isch hab Nachsischt mit mir selwer. Wenn mir dadenach is, verdrigg isch middaachs aach emaa zwaa Koddledds uff aan Schlaach. Un Aawends trink isch aach emaa drei Rode schdatt ibblischerweis nur zwaa.

Isch bin ein fehlbarer Mensch. Awwer isch hab gelernt, mit meine Fehler in guder Nachbarschaft zu lebe. Un weil isch middlerweil uff die Neunzisch zugeh, kann des aach net ganz verkehrt gewese sei.

Wodraa lischt so e Eischdellung? Villeischt wenischer am Oscar Wilde als wie an Schbrüsch, die mir in meine junge Jahrn um die Ohrn gehaache worn sinn, Schbrüsch wie „Der deutsche Junge ist zäh wie Leder, flink wie ein Windhund, hart wie Kruppstahl“, „Hinlegen! Auf marsch, marsch!“, „Sieg oder Sibirien“, „Für Führer, Volk und Vaterland!“, „Bis zur letzten Patrone!“.

Villeischt verschdehe Sie jetz e bissi besser, warum mir eiserne Dissiblin zum Hals naushängt.

Middem Rollador unnerweeschs

Seitdem isch Audo, Fluuchzeusch un Fahrrad geesche en Rollador als Fordbeweeschungsmiddel eigedauscht hab, is mei Umfeld sehr iwwersischtlisch geworn.

Die Ziele, die isch rutinemeeßisch anschdeuer mit meim Schiebe-Rollsrois sin de Aldi, die Praggsis von de Fraa Dokter B., die Abbodeek un en Lade, wo isch mei Geschribbsel kopiern kann.

Jetz wern Sie vielleischt denke, dass des fer misch forschbar langweilisch is. Schdimmt awwer net. In meim winzische Schdick Welt is immer was los. Gleisch um die Eck rum hat beischbielsweis jetz aa von dene neue Kitas uffgemacht. Sie, da ricke schonn in aller Häggodsfrieh die Mammas mit ihre Klaane aa, goldische Kinner allminanner. Vorwieschend mit Miggrazionshinnergrund. Mit dere neue Kita is unser Schdadtverdel voll indernazional geworn. Die Schbraachvielfäldischkeit is iwwerweldischend. Zu dumm, dass isch nix devoo verschdeh.

Des Kondrastprogramm dadezu sinn die Sennjorn wie isch, die so ab Uhre Zeh odder Elf mit ihre Rolladorn die Geeschend unsischer mache.

Sie wern lache, awwer isch bandel fer mei Lebe gern mit so Leut aa, wenn se en einischermaße kondaktfreudische Eidruck uff misch mache. Im Fall Sie des indressiert: isch hab da e paa ganz scheene Eisbrescher. Aaner devoo geht so:

„Enschuldischung! Sinn Sie aach zu der Rolladorrallye unnerweeschs?" Bei einheimische Rolladorfahrerinne hab isch dademit des Eis gebroche. Da endwiggelt sisch im Handumdrehe e freundlisches Geschbrääsch.

Bei Leut, dene isch von vornerei ihrn Miggrazionshinnergrund aaseh, da muss isch annerst vorgeh.

Eine gude Mööschlischkeit eröffent sisch uff dene Bänk vor dem Reformhaus, wo isch fer mei Fraa gesundheidlisch eiwandfreie Sache eikaafe muss. Müslis, Sache mit Körner un Keime, so Zeusch. Mit mir selwer persönlisch is dademit kaa Geschäft zu mache. Isch bin von klaa uff an kräfdische Hausmannskost gewöhnt, Worscht aus Owwerhesse, Ribbscher mit Kraut, Bratworscht, Handkäs mit Mussick, so Sache.

Awwer des nur newebei.

Von was haddemers? Ach so, von de Bänk vorm Reformhaus. Da gibds gude Möschlischkeite fer Aanäherunge an fremde Kuldurn.

Es is ja so: die meiste Miggrande un Assilande wolle sisch ja indegriern, die wolle ja schnell unser Schbraach schbresche könne, gut schbresche könne.
Die meiste von dene fremdaadische Fraue, die sisch da uff dene Bänk e bissi ausruhe, die könne ja schonn e bissi Deutsch. Wie kimmt mer mit dene ins Geschbrääsch? Isch saachs Ihne.

Mer setzt sisch erst emaa nebe die uff die Bank. Es schadd nix, wenn mer dadebei en bissi erschöpfde Eidruck mäscht. Alde, erschöpfde Mensche erwegge Mitleid un Simmbadie.

So, jetz wende se sisch eifach freundlisch an ihr Nachbarin un saache ebbes in ganz eifachem Deutsch. „Das ist ein schönes Wetter heute!“ So odder so ähnlisch. Ihne wird schonn was bassendes eifalle. Irschendwie wird die Fraa reagiern, garrandiert. Un wenn die dann was uff Deutsch sacht, achte Se uff die Fehler wo die mäscht.

Nemme mer emaa aa, die Fraa is dialoochbereit un säscht „Ja, sehr scheen Wetter.“ Jetz komme Sie. Bringe Sie der Fraa bei, wie mer unser „ö“ rischdisch ausschbrischt. Sie wird Ihne dankbar sei, garrandiert.

Jetz wern Sie fraache, wie mer des mäscht. Isch saachs Ihne. Mer schdeggt sein Zeischefinger in de Mund, also sein eischne Mund, un schließt sei Libbe schee rund um sein Finger drumrum. Dann zieht mer de Finger raus, ohne die Libberundung zu verännern. Dann säscht mer „e“. Des könne die meiste von dene wo kei „ö“ könne.

Un was kimmt dadebei raus? „ö“. Browwiern ses selwer emaa aus. Es klappt eiwandfrei.

Die Leut wo kei „ö“ könne, die versaache aach fast allminanner bei unserm „ü“. In dem Fall: Finger in de Schnawwel, Libbe schee rund drumerum, Finger naus, Libbe rund lasse un „i“ saache. Zeische un Wunner: es kimmt „ü“ raus. Garrandiert.

Mer wird Ihne dankbaa sei fer Ihne Ihrn Schbraachunnerischt. Sie hawwe da was fer die Indegrazion von unsere auslendische Mitbürscherinne geleist. Un es is Ihne bei Ihrm Rolladorgang net langweilisch geworn.

Geschischtscher midde ausem Lebe

Wisse Sie, was en Schdammtisch is? Des is en Tisch wo die sitze, die wo da immer sitze.

Isch geh gern keeschle. Mer muss ja im Sennjornalder uffbasse, dass mer net väeinsamt. Un da is en Väein e gut Middel degeesche. In meim Fall is des „Alle Neun“, en ganz priwaade Keeschelklub. Mir waan emaa neun aagehende Oldies, Männer un Fraue, wie mer vor de deutsche Widdervereinischung aagefange hawwe. Middlerweil sinn mer nur noch acht, weil de Schmitt Schorsch leider des Zeitlische geseeschent hat.

„Alle Neun“ is ein Goddesseesche. Mer kimmt da reeschelmeeßisch emaa unner Leut wo eim besonners simmbadisch sinn. Aach krieht mer als Mann voriwwergehend e bissi Abschdand von eim seiner Ehefraa. Des is ja net väwäfflisch, odder? Ganz im Geescheteil, es schdäggt die geescheseidische Zuneischung. Saache die Bsischolooche. Un die misses ja wisse.

Die Sach hat aach den Vordeil, dass die Babett, mei Fraa, mir net jed Glas Ebbelwei nachzähle kann, des isch nachem Keeschele schleusch. An unserm Schdammtisch bei de „Frau Rauscher“. Aale Frankforder wisse, wo des is.

En ganz besonnere Gägg bei unsere Schdammtischabende is folschendes:

Aaner, odder aane, von uns muss da immer de annere e schee Geschischt verzehle. Vorzuuchsweis aus seim odder ihrm eischne Lebe. Zugelasse sinn awwer aach Geschischtscher, die mer irschendwo uffgeschnabbt, gelese odder sisch selwer ausgedacht hat. De meiste Beifall krieht mer, wenn die annern sisch iwwer eim sei Geschischt schebblache misse.

Goddseidank hab isch orndlisch Broddokoll iwwer die ganze Schdories gefiehrt un gebb gern e paar von de schennste an Sie weider.

Midde ausem Lebe (I)

Besetzt

Wenn mer im Frankforder Hisdorische Museum emaa dringend wohie muss, dann is mer zu Schdooßzeide bees draa. Isch erklärs Ihne, warum.

Dass die Leut im schdille Ördsche gern ebbes lese, des waaß mer ja aus eischner Erfahrung. Die wo des Museum unner sisch hawwe, die sinn desweesche hergegange un hawwe in dene 00-Räumlischkeide Schaudaafele uffgehengt. Peddagoogisch kaa schlescht Idee, wenn se misch fraache. Uff die Aad un Weis kann mer sisch uff de aane Seit erleischdern un uff de annern Seit ebbes lerne.

Die Schaddeseit von dere Sach is allerdings in Schdooßzeide die Schlang wo sisch vor dem Lokus bilde duht. Je länger aaner innedrinn sein Wissensdorscht löscht, desdo zabbelischer wern die annern, wo drauße wadde.

Des hab isch neulisch selwer emaa am eischne Leib zu schbürn gekrieht. Isch erklers Ihne. Isch hatt mer grad des wunnerscheene Altschdadtmodell von de Gebrieder Treuner aageguggt, da musst isch dringend emaa wohie. Vor dere Ördlischkeit hawwe schonn zwaa, drei Leut gewadd, un an de Dier hats gehaaße BESETZT. Die Waddezeit hab isch ohne Zwischefell iwwerschdanne un bin dann nei. Innedrin Erleischderung un gleischzeidisch großes Inderesse an erer Schaudaafel mit der Iwwerschrift

BESETZUNG FRANKFURTS

Schbannend! Sie glaabe ja net, wie oft Frankfort im Laaf von de Jahunnerde besetzt gewese is.

Die Geschischt uff dere Dafel fängt aa mit de aale Schwede, von 1631 bis 1635. Des war zu dere Zeit de Dreissischjährische Kriesch. Da sinn mir Heudische beim Zweide Weltkriesch rein zeidmeeßisch e bissi besser weggekomme. Awwer des nur newebei.

Von 1759 bis 1763 hawwe uns die Franzose mit ihrm Besuch beehrt. Leider net als Turisde, die e bissi Geld dagelasse hawwe. Im Geeschedeil. Ihrn Besuch hat unsern Schdadtsäggel um zwaa Milljone Gulde erleischdert. Des war zu dere Zeit en Haufe Geld, aach wenns Pienadds sinn im Vägleisch mit dene Milljadde, die wo jetz fer die Euroreddung ausgegewwe wern.

Im Jah 1792 sinn die Preuße iwwer uns hergefalle, des muss mer sisch emaa vorschdelle. Gut, wenn mir damals Bayern gewese wähn, da kennt mer des e bissi verschdehe, weil die Preuße un die Bayern konnde sisch ja nie besonners riesche. Awwer Preuße geesche Hesse! Schwamm driwwer.

Kaum warn die Preuße fort, wer maschiert da bei uns ei? Schon widder die Franzose. Ja, im Jah 1796 hadde mer de Napoleon am Hals. Der hat nix Eilischeres zu duh gehabt als noch emaa acht Milljone aus unserm verschrumbelde Schdadtsäggel erauszugrazze.

Gleisch druff hawwe uns die Österreischer iwwerfalle. Is des die Mööschlischkeit! Awwer die sinn ja aach net vorne wie hinne, des hat mer ja an dene ihrm Adolf geseh.

Awwer des is ja gaanix dadegeesche, dass unser heudische EU-Paddner, die Franzose, in de Jahn 1800 un 1866 Frankfort schon widder unsischer gemacht hawwe. Awwer so is des halt damals gewese, da war kaa Kraut degeesche gewachse.

Es hat un hat kaa Ruh gegewwe. Wer hat uns 1813 besetzt? Die Bayern. Un 1866? Die Preuße. Die hawwe unser Schdadt „annektiert“, wies uff dere Schaudaafel heißt. Was des bedeut, is mer im Aacheblick endfalle, es war awwer beschdimmt nix Erfreulisches.

1920 hadde mer noch emaa des Vergniesche mit de Franzose. Sie, die solle bloß nix iwwer uns saache, deet isch saache, wenn des bolliddisch net so asch ingorrekt sei deht, also lass ischs liewer. Isch hab ja perseenlisch gaa nix geesche die Franzose.

Was e bissi Abwechslung in die Besetzunge gebracht hat, des warn im März 1945 die Amis. Die hatte ganz schee Sitzflaasch in Frankfort. E paa sinn ja heut noch da, awwer des sinn ja jetz Freunde.

Middlerweil is des Kabiddel BESETZUNG ja längst abgeschlosse. Mir Frankforder sinn jetz ja sowwiso fast zu fuffzisch Prozent Ausländer, awwer die Miggrande, Assilande un sonsdische Zuwanderer sinn ja kaa Besatzer. Mir brauche die ja, weil mir Frankforder, mir eschde Frankforder, wern ja als wenischer, leider.

So Erwääschunge sinn mir im Kobb rumgegange bei meiner Sitzung un Lecktüre im Hisdorische Lokus, bis zum Momment, wo drauße aaner gebrillt hat.

„Drei Minude werd ...,
wer länger ... werd nausgeschmisse!“

Die Pünkdscher schdehn fer Werder, wo von meiner Fraa geschdrische worn sinn. So Werder dede net in e aaschdännisch Buch neigeheern, hat se gesacht. Was soll mer da saache? Am beste säscht mer da gaanix.

Frankforder Probbleme mit Vööscheln

Isch waaß ja net, ob Sie aach debei warn, neulisch, bei derer halsbrescherische Sach im Grüneburschpark?

Sie, da hat die Feuerwehr dem dordische Riesemammudsbaam vonnem Hubschrauwer aus den sogenannde Roddazzjohnsblinker uffgesetzt. Geil. So Sache bassiern halt nur in Frankfort.

Die Sach war so. Der mords Mammutbaam dort wächst ja als weider in die Höh, middlerweil hööcher als wie de Ginnheimer Schbarschel, also de Fännsehtorm in Ginnheim. Un desweesche wird der Baam als gefährlischer fer de Fluchverkehr.

Nach erer aale Geschischt war des ja Kall de Große, wo den Baam persönlisch geflanzt hat. Nach em Siesch iwwer die Sachse. Des warn awwer net die aus Leibzisch un da erum, naa, des warn Niedersachse, schdormfest un äädväwaggse, wies in dem scheene Lied heisse duht.

Fachleut ausem Boddanische Gadde hawwe rausgekriet, dass der Baam guud un gern dreidausend Jahrn alt is. Des kann mer aus dem Schdammdorschmesser von jetz väzzeh Meder ausreschne. Dademit scheidet Kall de Große als Flanzer deffinitief aus.

Egal. Jetz hat der Baam jedenfalls owwedruff en Rodadionsblinker. Von weesche de Fluchzeusche. Die Lischderkedde von de Griene um de Grieneburschpark erum habbe nix geniddst.

Die Griene wollde neemlisch die Tormfalke schiddse, wo owwe uff dene Beem ihr Nesder baue. Die griene Schbruchbänder hawwe aach nix geniddst: HELFT DEN ARMEN VÖGELN!

Was soll mer da saache? Bei dem ganze Betrieb in de Luft un uff de Ääd isses mit Vööscheln im Grieneburschpark halt so e Sach.

Rabeschwarz

Aale Frankforder kenne de Rabewald. Des is eischendlisch kaan rischdische Wald. Mehr so e Wäldsche. Mer siehds, wemmer von Berje (Eigeblaggde nenne des „Bergen“) in Rischdung Bischem („Bischofsheim“) gugge duht. So links owwe, uff so erem klaane Hüüschelsche.

In dem klaane Wäldsche hat e Hausfrau aus Berje, wie se ihr Hundsche da obberum ausgefiehrt hat, en Pilz gefunne. Kaan gewehnlische Pilz. En Pilz middere Huudweide von saache un schreiwe siwwenunfuffzisch Zendimeder, mer glaabds net, awwer es is so. Des hawwe sogenannde Mickolooche vom Boddanische Gadde in Frankfort gemesse. Die hawwe aach rausgekrieht, dass der Kawenzmann e sogenannde hybride Form von ebbes gewese is, was mer ladeinisch als AMANITA PHALLOIDES bezeischent.

Des hat der Fraa aus Berje awwer nix mehr geniddst. Die is neemlisch nach dem Genuss von dem ladeinische Pilz am Sonndaach in Berje beerdischt worn.

Sie hinnerlässt leider en Mann, der wo geschefdlisch verreist gewese is an dem Daach, wo sei Fraa den ladeinische Pilz zu sisch genomme hat.

Kunst un Braadworscht

Isch waaß ja net, wies Ihne geht, awwer fer misch sinn die meisde Schdänd in de Frankforder Klaamarkthall rischdische klaane Kunstwägge. Ja, Kunstwägge.

Deshalb wunnerds misch gaanet, dass als mehr Leut maane, die Klaamarkthall un des Museum fer Moderne Kunst deede eischendlisch unner aa Dach geheern.

Des hätt ebbes für sisch. Uff de aane Seit soll die Markthall uffgemeebelt wern, un uff de annern Seit bladdst des MMK sowwiso aus alle Neht von weesche dem schdörmische Waggsduum von all dene moderne Kinsdler.

Es is ja aach so: die zwaa lische ja sowwiso nah beienanner. Auserdem is sowwiso als die Redd von erer Umgeschdaldung von dem hisdorische Kern von Frankfort.

Dadezu kimmt, dass Leut, wo die ganz Zeit uff modern Kunst gepiffe hawwe, sisch womeeschlisch umschdelle wern.

Wer waaß, villeischt niddse die ihrn Eikaafsgang in de Klaamarkthall emaa fer en zusäddlische Kunstgenuss? Villeischt wäffe die emaa en Blick uff die Holzblumme von dem Stephan Balkenhol odder so e Environment von dem Claes Oldenburg, besonners wennse vorher Geleeschenheit gehabt hawwe, sisch midderer Braadworscht dadefer zu schdägge. Wer waaß?

Letzte Ruhemööschlischkeite

Mei normale Ausfluuchsziele middem Rollador kenne Sie ja schonn: Aldi, Abbodeek, Reformhaus un so. Un dass mirs unnerweeschs net langweilisch wird, dadruff hab isch Sie, glaab isch, aach schonn hiegewiese.

Sie glaabe ja net, was sisch in meim winzische Umfeld alle Naslang verännert! Kaum mäscht aan Lade zu, schonn mäscht en annere uff. Grad jetz hat ein Edablissemang eröffent, wo mer Wasserpeife raache kann, „Schischalaunsch“ haaßt des, odder so ehnlisch. Da sitze die Peiferaacher innedrin un, bei schenem Wedder, drauße uff de Gass. Da suggele se an lange Schläusch, die ausem Dibbe eraushänge. Die Raacher sinn offesischtlisch net von hier. Aach die hawwe irschend en annere Hinnergrund, vielleischt terkisch, isch waaß es net.

Isch gugg mer des mit Indresse aa, aber misch ziehts net zu dene Peife hie. Isch hab mer des Raache ja schonn lang abgewehnt. Odder besser gesacht, mei Fraa hat mer des schonn lang abgewehnt. Dorsch die Wasserpeife is mei winzisch Welt noch e bissi exodischer geworn als wie se sowwiso schon is. Zwaa Dönerbude uff meim Weesch, zwaa Kioske wo Terke gehörn. Da hänge uff dene Zeidungsschdänder masseweis terkische Zeidunge. In dene deht isch gern als emaa lese. Die wern sischer an uns Deutsche allerhand auszusetze hawwe, ähnlisch wie mir bei de Terke. Isch kann awwer kaa Terkisch. Un wenn isch

noch emaa e neu Schbraach lerne deht, dann wär des Schinneesisch. Awwer des nur newebei.

Am indressandeste find isch den neue Lade, wo „Pietät“ draaschdeht. Isch hab des Wort emaa im Wörderbuch nachgeschlaache: „Respekt, taktvolle Rücksichtnahme.“

No ja, mer waaß ja, dass die was Anneres maane, die Leut in dem Lade. Die mache ihr Geschäft ja mit unsere Aagehörische, wenn mir selwer emaa des Zeitlische geseeschent hawwe.

Also des Geschäft wär net mei Sach. Awwer aaner muss des ja mache. Un isch muss ja zugewwe, die Pietätleut lasse sisch was eifalle. In dene ihrm Schaufenster schbringt eim e mords Schautafel ins Aach. Dadruff schdehe die Mööschlischkeite, die mer als moderner Mensch hat, wenns um eim sein allerletzte Wohnsitz geht.

Da hat mer heutzudaach eine iwwerweldischende Auswahl. Isch ziddier:

Feuerbestattung – Erdbestattung – Anonyme Beisetzung – Diamantbestattung – Luftbestattung – Seebestattung – Baumbestattung – Naturbestattung.

Was, bidde, is eine Diamantbestattung! Komme da en Haufe teure Klunker in de Sarsch? Isch waaß es net. Isch hab misch aach schenniert, die Pietäter dadenach zu fraache. Mei eischne Lieblingsbeschdaddung wär sowwiso annersder. Sinn Sie neugierisch? Isch erklärs Ihne.

Isch habb schonn friehzeidisch in meim Lebe ein freundlisches, ja innisches Verhältnis zum Wei endwiggelt un ausgebaut. En Daach ohne Wei? Bei mir net.

Fer misch wär die schönnste letzte Ruheschdätte en Weibersch. Im Frankeland, an Rhei odder Mosel, odder villeischt im Badische. Geesche Burgund hätt isch aach nix.

Die genaue Laache im Weibersch deht isch mer sehr, sehr genau iwwerleesche: Rödelseer Küchenmeister? Berncasteler Doktor? Iphöfer Bettenberg? Veitshöchheimer Wölflein? Randersackerer Ewig Leben? Bacharacher Wolfshöhle? Zeltinger Himmelreich?

Lache is gesund

An unserm Schdammtisch „Alle Neun“ kanns vorkomme, dass der Vorrat an Geschischtscher midde ausem Lebe emaa uff Null zurickgegange is.

Des is kaan Baabruch.

Mir verzehle uns dann meistens Witzjer, die der aane odder die annere irschendwo geheert un behalde hat. Meistens beim Ebbelwei.

Die schennste von dene hab ich in hadder Awweit uffgeschriwwe. In dem Bischelsche hier sinn se unner dem Tiddel „Beim Schobbepetze uffgeschnabbt“ eigeschdreut.

Lache is gesund. Wenn Ihne de aane odder annere von unsere Witzjer besonners gut gefalle hat: Verzähle Se den ruisch weider. Isch hab gaanix dadegeesche. Mer duht doch e gut Wäck, wemmer annere Mensche zum Lache bringt, schdimmts?

Beim Schobbepetze uffgeschnabbt (I)

Fraue unner sisch

Die aa Fraa:
Isch hatt gesdern Krach mit meim Mann.
Awwer isch hab ihm es leddsde Wort gelasse.

Die anner Fraa:
Da warsde awwer rischdisch großzieschisch!

Die aa Fraa:
Wie mers nimmt. Gesdern hadder halt Geborzdaach gehabt.

Die aa Fraa:
Wie gehds dann deim Mann?

Die anner Fraa:
Kaa Ahnung. Isch habben seit drei Woche net geseh. Sischer habbisch ebbes gesacht, wasser in die falsch Kehl gekriet hat.

Die aa Fraa:
Die Babbett redd ihrn Mann un ihrn Hund als middem selwe Name aa.

Des wird als emaa en scheene Dorschenanner gewwe, maansde net aach?

Die anner Fraa:
Iwwerhaubd net. Mit ihrm Hund schwäddst die Babbett ganz lieb.

Die aa Fraa:
Ohne misch is mein Mann völlisch hilflos.

Die anner Fraa:
Meiner aach. Wenn isch emaa e Woch ford misst, isch waaß net, wie der ohne misch zurescht komme deht.

Die dritt Fraa:
So isses. Mein Mann is wie e klaa Kind. Wenn der en Knobb aanäht odder sei Sogge schdobbt, da muss isch em als de Faddem in die Nadle eifädele.

Die aa Fraa:
Erst habbisch e komisch Geräusch geheert.
Un dann habbisch unnerm Bett e Baa von erem Mann geseh.

Die anner Fraa:
Jesses naa! Des Baa von erem Eibrescher?

Die aa Fraa:
Naa. Von meim Mann. Der hat des Geräusch aach geheert.

Die aa Fraa:
Kimmt Ihne Ihrn Mann aach als emaa erst midde in de Nacht haam?

Die anner Fraa:
Naa, des hab isch em schnell abgewehnt.

Die aa Fraa:
Un wie hawwe Sie des gemacht?

Die anner Fraa:
Isch hab eifach gesacht: „Bisduus, Heiner?“

Die aa Fraa:
Ja un?

Die anner Fraa:
Ei mein Mann haaßt doch Willi.

Die aa Fraa:
Saach emaa, wie issen des jetz, wo de verheirad bist?

Die anner Fraa:
Ach, so asch viel Unnerschied is da gaanet.
Frieher habbisch die halb Nacht druff gewatt, dass de Willi haamgeht, un jetz watt isch die halb Nacht druff, dasser haamkimmt.

Die aa Fraa:

Sie sinn e bissi heiser, gell? Isch kämpf aach middere Erkäldung.

Die anner Fraa:
Ach naa. Mir gehds gut. Mein Mann is nur erst geesche Morsche haamgekomme.

Die aa Fraa:
Uff die Post is aach kaan Verlass mehr.

Die anner Fraa:
Was maansden dademit?

Die aa Fraa:
Mein Emil hat mer gesdern e Postkadd aus Berlin geschiggt, wo er grad geschefdlisch zu duh hat.

Die anner Fraa:
Na un?

Die aa Fraa:
Die bleed Post hat die Briefmack in Leipzisch abgeschdembelt.

Wies noch kaa Schdaubsaucher gegewwe hat

Die aa Fraa:
Kann isch mer grad emaa Ihne Ihrn Debbischklobber aus-
leihe?

Die anner Fraa:
Des duht mer leid. Der kimmt erst um Uhre siwwe haam.

Ein Gedischt? Warum nischt?

Eewe reischds!

En Dischter, den die Schreibwut treibt,
der aa Buch nachem annern schreibt
un uff de Bischer siddse bleibt,
dem schleescht des langsam uff de Maache.
Verdebbel aach! Gibds kaa Verlaache,
die sisch um meine Bischer haache?

Schlischtes Gedischt

Jeder schreibt maa e Gedischt,
aach wenn die Versjer noch so schlischt.

Als Dischter braucht mer e paar Tricks,
des Dischte wird sonst leider nix.

E Handvoll Reeschle muss mer kenne,
de Jambus vom Trochäus trenne,
de Anapäst vom Daktylus,
sonst kimmt er net, der Musekuss.
Ganz wischdisch: Rhythmus, Melodie
weil, kaa Gedischt lebt ohne sie.
Wo bleibt de Reim? Hier kimmt er schon,
aach mei Gedischt is voll davon.

Jeder schreibt maa e Gedischt,
aach wenn die Versjer noch so schlischt.

Als so weider

Zu de Sennjorn geheern Sie aach?
Da schdellt sisch ja so mansche Fraach:

Soll mer e bissi kerzer trete,
dem Alter trotze mit Diäte?

Soll mer am Vergangne klebe
odder nach was Neuem schdrebe?

Soll mer uff sei aale Taache
der schnöde Welt villeischt endsaache?

Soll mer sei Lewe iwwerdenke
un in e anner Rischdung lenke?

Soll mer uffem Sofa hogge
odder dorsch die Wälder dschogge?

Soll mer dem Wedder hier endfliehe
un eifach nach Majogga ziehe?

Fraache, Fraache, nix wie Fraache.
Dadezu will isch was saache:

Isch maan, des Allerbeste wär,
mer mescht so weider wie bisher.

Der Geleeschenheidsdischter

Dieser Dischter schdeht bereit
un waddet uff Geleeschenheit.
Egal wer wie wo was verrischdet,
er is zur Schdelle, un er dischtet.

Ob Hochzeit odder Sieschererehrung,
Kindstauf odder Wohlschdandsmehrung,
Wahlsiesch odder Mauerfall,
uff jeden Fall is er am Ball.

Was fer eine scheene Gabe!
Aach an seinem eischnen Grabe
fiel ihm ebbes Hibbsches ei,
en Grabschbruch uffem Marmorschdei:

Sei Lebe lang Poet gebliwwe
hadder endlisch ausgeschriwwe,
der Dischter der Geleeschenheit.
Hier ruht er jetz in Ewischkeit.

Ohne Kuss

Es gibt so Taache, wo nix geht.
Des trifft aach zu uff den Poet.
Es fehlt im Schdehe un im Sitze
ganz eifach an de Geistesblitze.
Mer sieht en hier, den Dischtermann,
der heut nix, gaanix dischte kann
un der ganz eifach eiseh muss:
er gilt net ihm, de Musekuss.
Er wird des Dischtens heut net froh,
die Mus, die kisst heut annerswo.

In Beweeschung bleiwe!

Zur Ruh sisch setze is net gut,
besser is, wenn mer was duht.
Hat mer en Gadde, kann mer flanze.
Is mer noch rüsdisch, kann mer danze.

Is mer noch schbordlisch, kann mer djogge,
Schdatt uffem Sofa rumzuhogge.
Un duhn die Fieß ein net mer draache,
dann leeft mer middem Rolliwaache.

Des kann em Dischter bassiern

Was mir in letzter Zeit bassiert,
lässt Sie, isch hoffs, net unberiert.

Isch hätt die Sache dorschgezooche,
hunnerdbrozzendisch, ungelooche.
Isch hätt gedischtet, dasses kracht,
isch hätts gepackt, isch hätts gebracht,
wär Daach un Nacht am Ball gebliwwe,
hätt Versjer dutzendweis geschriwwe,
hätt selbst imTraum un selbst beim Esse
des Versjerschmiede net vergesse.
Gedischtet hätt isch ohne Rast
bis aa Wort schee zum annern basst,
wär endlisch ganz groß rausgekomme,
hätt Geld wie Heu maa eigenomme,
misch hätt mer bundesweit gelese,
im Fännseh wär isch aach gewese.

An die Wand könnt isch misch knalle.
Mir is rein garnix eigefalle.

Oldie am End vom Jah

Des aale Jah geht langsam ei,
e neues klobbt un will enei.

Wasses wohl bringt? Mer kanns net wisse.
Villeischt geht's eim bald ganz beschisse.

Villeischt wird mer <u>noch</u> schusslischer,
vergesslischer un dusslischer?

Doch wenn die erste Veilscher komme,
wird neuer Aalaaf brav genomme.

Midde ausem Lebe (2)

Unsern Schiller is aach wer

Es schdinkt in Frankfort. Un zwar dene Schillerfans. Dene bassts net, dass de Geede in Frankfort sei Nas als vorne hat un ihrn Schiller sei hinne.

Die klabbe schonn ihr Ohrn nunner, wenn Leut beschwischdischend saache, es deht doch e Geededenkmal un e Schillerdenkmal gebbe. Un e Geedeschdraas un e Schillerschdraas. Die Schillerfans wern da rischdisch fuchdisch. Da deht mers ja sehe, dass ihrn Schiller als wie zweide Liga behandelt wern deht. Sonst deht mer ja saache, mir hawwe e Schillerdenkmal un e Geededenkmal. Im iwwrische dehts ja en Geedetorm gewwe, awwer kaan Schillertorm. Des schdimmt. Da muss mer dene rescht gewwe.

Wie gesacht, so Sache schdinke halt dene Schillerfans. Isch kann die Leut verschdehe. Es gibt aach bei mir Zeide, wo mer em Schiller sei Lied von der Glogge besser gefellt als wie em Geede sein Erlkeenisch. De Wilhelm Tell schdeht mer als emaa aach e bissi näher als wie de Faust.

Desweesche hab isch Väschdändnis dadefer, dass die Schillerleut eine sogenannde Immidschkammbannje in Uffdraach gegewwe hawwe. „Schiller vorn!" soll die haaße. Dadehinner schdeggt en ganze Schdall voll Aggdiwwidäde. So is beischbielsweis dorschgesiggert, dass die Frankforder Bägger väschdäggt Schillerlogge aabiede wern. Modediseiner solle dem Schillerkraache zu erem neue Dorschbruch verhelfe.

Uffem Reemerbersch wolle die Schilleraner e mords Glock uffschdelle. Newerm Gereschdischkeitsbrunne. Bekannde Inderbreede solle Sonndaachs dort vorlese, „Tief gemauert …“, Sie wisse schonn.

Als feierlische Abschluss von dene Schillerwoche denkt mer an e Freilischtuffführung vom Schiller seine Jungfrau von Orléans.

Hinner vorgehaldene Hend werd gemungelt, mer hätt als noch kaa Jungfraa fer die Tiddelrolle ufftreiwe könne.

So kanns gehe.

Es heert net uff uffem Lohrbersch

Grad hat sisch de Krach weesche dere Erweiderung vom Fluuchhafe e bissi geleescht, schonn brischt en neue Schdreit vom Zaun. Vom Gaddezaun, sozusaache.

Jetz wern Sie fraache, wo die Zankebbel begrawe lische. Isch saachs Ihne. Uffem Frankforder Lohrbersch, widder maa.

Uffem Lohrbersch wäggst ja bekanndlisch unsern Frankforder Wei heran. Der schmeggt net nur de hiesische Schobbepeddser. Wissese, wer net genuch dadevoo krieje kann? Isch saachs Ihne: die Schinneese! Mer glaabds net, die Schinneese. Was die an Frankforder Wei hier wegschläusche in dene zwaa, drei Daach, wo se schnell de Reemer, de Dom, de Geede un was waaß isch abfoddograffiern, Sie, des geht uff kaa Kuhhaut.

Un dann nemmese noch ganze Fluuchzeuschladunge mit haam von unserm Wei. Sie, des lebbert sisch! Es schdröme ja als mehr Schinneese bei uns enei, un die vermehrn sisch ja aach wie Sand am Meer. Gut, unserm Schdadtsäggel kann des nur rescht sei, weil, ohne de Exbort von Frankforder Lohrbersch, Frankforder Werschdscher, Frankforder Ebbelwei un so Zeusch, da könnt de Schdadtsäggel schon zumache. Der lebt ja von so Sache, un des Erliesche von dem Weiexbort, des hängt wie e Dameklesschwert iwwer dem Lohrbersch, bildlisch geschbro-

LOHRBERG
LOHRBERG

che, wenn, ja wenn de Lohrbersch net was hasde was kannsde reebemeeßisch nach alle Seite erweiderd wird. Annersder gehds net.

Un genau da lische die Hase im Peffer.

Es kimmt halt alles zusamme. Die Schreewergäddner, wo um de Lohrbersch erum verschdreut lische, die wolle net weische, net ums Verbladdse. Die Schdreuobstbauern wolle ihr Ebbelbeem aach net umhaache lasse. Nur iwwer ihrne eischne Leische dehde die weische, wird gemungelt.

Sie, mer braucht wägglisch kaan Hellseher zu sei, um sei Aache vor dene Konndrowerse zu verschließe, wo schon mehr wie aan Schadde uff die bevorschdehende Kommunalwahle wäffe.

Isch hab iwwrischens nix geesche Schinneese, iwwerhaubt net. Des is halt die Globbalisierung. Da ännern mir nix draa.

Wenn mer Bischer net lese kann

Die Frankforder Buchmess schdeht diss Jahr ganz im Zeische vom Hörbuch.

Des is eine gude Nachrischt fer Analfabeede.

Kaa Wunner, dass mer sisch in Frankfort fer en reeschelreschde Aaschdorm rüsded fer die unzählische Gäst aus de ganze Welt, wo net lese un schreiwe könne.

Jetz isses ja so, dass die Analfabeede dene ihr Informazionsbedörfnis iwwer nix wie ihr Geheer befriedische könne. Desdeweesche häscht Hochkonjungdur bei de Fremdschbraacheexperde. Mer braucht dringend wischdische Messehieweise in fuffzisch Fremdschbraache uff Tondreescher.

Iwwerall wern noch Iwwerseddser un Dollmeddscher fer Urdu, Swaheli un die Schbraach von de Esgimos gesucht.

Frankfort mit seim hohe Aateil von Leut, wo net lese un schreiwe könne, freut sisch uff die Analfabedinne un Analfabeede aus de ganze Welt.

An die Eiheimische geht die Bidde, die Gefiehle von unsere Gäst net dorsch Vorzeische von Schbruchbender odder annere Schrifddrääscher zu verleddse.

Deutsch fer Miggrande un Assilande

Mir Frankforder sinn ja zu mindsdens fümmunzwanzisch Brozent Auslender. Un net grad wenische von uns sinn Miggrande odder Assilande.

Dasses mit dere Indegrazzion von auslendische Eigeblaggde des aane odder annere Broblem gibt, des peife ja die Schbaddse von de Descher. Gut, die Iddalljener un Schbanier beischbielsweis hawwe sisch bei uns ja genau so gut indegriert wie, saache mer maa, die Bayern un die Schwabe. Die sinn net des Broblem.

Des Broblem sinn Auslender wo aus lernschwache Geeschende komme, vom annern End von de Welt sozusaache.

Wenn die in Frankfort aasässisch wern wolle, dann missde se ja eischendlisch, schdreng genomme, Frankforderisch lerne. Awwer des is fer de Aafang sischer e bissi viel verlangt, grad bei dene ihre Lernschwachheit. Also solle se in Goddes Name erst emaa e bissi Hochdeutsch lerne, weil, des brauche die ja alle Nas lang, beischbielsweis bei dene Ämder, wos um Uffendhaldsgenehmischunge geht, um Asylaadreesch un um unser Geld. Also um dene ihr Geld, was uns abgeknebbt wird. Awwer mir mache des ja gern. Mir hawwa ja nix geesche die Leut. Des sinn ja alles Mensche, genau wie die Terke.

Von was hadde mers? Ach ja, vom Schbraachelerne. Bei lernschwache Leut. Da misse sisch die zuschdendische Schdelle halt ebbes eifalle lasse. Isch hätt da schonn en Vorschlaach fer en schdack vereifachde Deutschunnerischt. Isch erklers Ihne.

Was so Miggrande un Assilande besonners verschreggt, des is unser Geschlecht. Es is ja so, dass in viele Lendern alle Menner, Fraue un Kinner des selwe Geschlescht hawwe. Awwer bei uns, da schdeeßt en eigeblaggte Auslender uff DEN Mann, DIE Fraa un DAS Kind. Un selbst wenn aame Assilande in so em Fall die geschleschdlische Unnerschiede noch einischermaße erausfiehle kenne, schdehn se doch machdlos wisawie bei Werdern wie DER Stuhlgang, DIE Maikäferplage, DAS Nacktbadeverbot.

Des geheert geännert, minnsdens im Aafengerunnerischt. Da muss Schluss gemacht wern mit dene geschleschdlische Unnerschiede. DE Mann, DE Frau, DE Kind. Des reischt. Maane Sie net aach?

E Beleidischung fers Aach is weg

Des hässlischsde Bauwäck in Frankfort, wenn Se misch fraache, des is ja des Hisdorische Museum gewese.

So en widderwäddische Beddongklotz, gell?

Innedrin en Haufe scheene Ausschdellunge, gaakaa Fraach. Inne hui, awwer ausse fui!

Also isch, wenn isch da als emaa die Trepp nuff bin, da hab isch als an die Luftschutzbunker aus de Bombekrieschszeit denke misse. Wenn da iwwerm Eigang schdatt Kall dem Große e Fliescherbomb ausem Zweide Weldkriesch gehange hätt, es hätt besser gebasst, wenn Se misch fraache.

Gut, mer hätt des Museum ja schonn frieher umgebaut, awwer es Geld hätt halt nie gereischt, aageblisch. Desweesche hat mer in de achzischer Jahrn iwwerleescht, ob mer net den Schandfleck eifach verhille sollt, so lang bis emaa genuch Geld fer e Rennowierung im Schdadtsäggel sei deht.

Zu dere Zeit hat aach en weldberiemde Verhillungskinsdler un sei Fraa en Vorschlaach dadefer unnerbreidet. Dadraus is awwer nix worn. Des war zu dere Zeit dem asch konnserwadiefe Maggisdraht e bissi zu awwangadisdisch. Schnee von gesdern.

Inzwische hawwe die Frankforder endlisch e neu Hisdorisch Museum. Misch deht emaa indressiern, wies Ihne gefällt. Mer trifft ja als noch Leut wo saache, des aale wär doch schenner gewese.

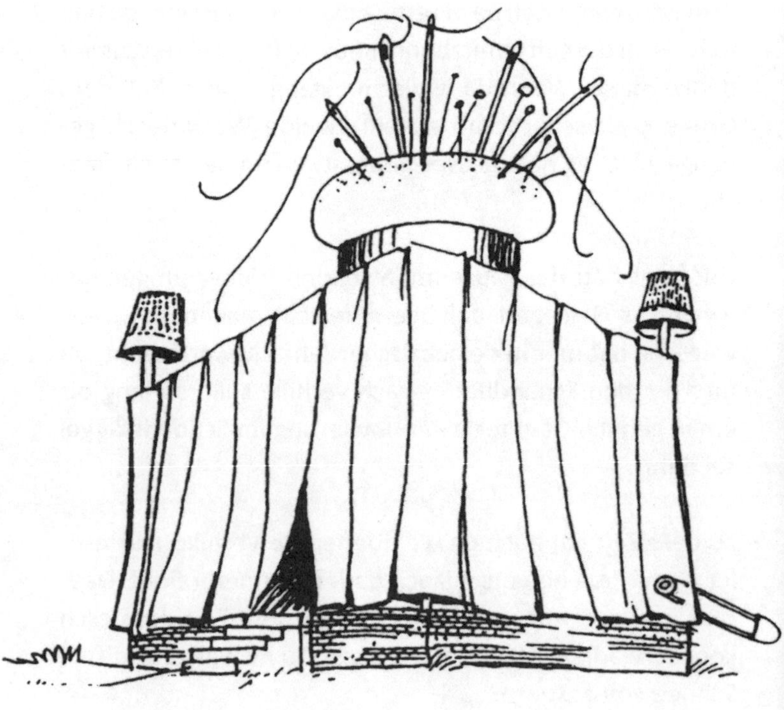

De Geede werd schonn widder verriggt

Warn Sie aach schonn im Flieschende Holländer? Mit unsere neue Waachner-Festschbiele hawwe mir Frankforder dene Bayreuther ja e ganz schee Schnibbsche geschlaache, awwer hallo.

Schee is ja aach, dass sisch unsern Kuldurdezernent mit seim Vorschlaach dorschgesetzt hat, de Geede fer die Dauer von dene Festschbiele uffem Lucae-Brunne uffzuschdelle. Genau vor de Aale Oper, wos jetz wochelang waachnert.

E brima Idee, wenn se misch fraache. Waachner hie, Waachner her, mir könne bei so erer Geleeschenheit ruisch emaa zeische, dass mir in Frankfort middem Geede kuldurmeeßisch die Nas vorne hawwe.

Da kann de Waachner noch so mordsmeeßisch ins Horn schdooße un uff die Pauk haache, mit unserm Geede kimmder net mit.

Nichts

Hochverehrtes Lesepublikum!

Zu unserem lebhaften Bedauern sehen wir uns außerstande, die folgende Begebenheit volkstümlich, will sagen auf gut Frankforderisch, darzustellen. Um deren hohem intellektuellen Anspruch zu genügen, sind wir genötigt, auf unser heimisches Idiom vorübergehend zu verzichten. Wir bitten um Ihr Verständnis.

Aufsehen erregt die Ausstellung des Avantgardekünstlers Sebastian Kleineklitz im Museum für Moderne Kunst. Ihr Titel: NICHTS.

In jedem der drei (the magic three!) Säle ist NICHTS zu sehen. Diese kompromisslose Immaterialität trifft mit voller Wucht. Langsam, sehr langsam erschließt sich dem Beschauer die mystische Dimension des NICHTS in Facetten von Entäußerung. Verflüchtigung und Vergeistigung, die letztlich ins Nirwana transzendiert.

Wir sprachen über die künstlerischen und philosophischen Perspektiven der Ausstellung mit Professor Dr. Moosbart, dem bekannten Schweizer Kunsthistoriker. Moosbart sieht in Kleineklitzes Werk die stringente Fortentwicklung aktueller minimalistischer Tendenzen, wenn nicht sogar deren Höhepunkt. Völlig unübersehbar sei die Affinität des NICHTS zum Schlüsselwerk der abstrakten

Moderne, dem Schwarzen Quadrat von Malewitsch oder genauer, dessen weitere Vergeistigung im Weißen Quadrat auf Weißem Grund, ebenso wie Anklänge an Mallarmés „page blanche".

Nach der Biennale in Venedig und dem MMK in Frankfurt wird NICHTS demnächst auf der Documenta in Kassel zu sehen sein.

De Viescher gehds gut in Frankfort

Seit die Griene in de Frankforder Kommunalbolliddick orndlisch ebbes zu saache hawwe, da könne unser tierische Midgeschebfe emaa rischdisch uffaadme.

E Herz fers Vieh, des hawwese, die Griene. Beischbielsweis fer die Krodde. Die könne middlerweil ganz beruischt ihr Friehlingsgefiele auslewe. Fer dene ihre Hochzeidsreis schdehe jetz eigeheeschde Wanderweesche zur Verfüüschung, uff dene se net mehr von Audos dootgefahn wern könne.

Es gibt ja bei uns leider noch Leut, wo mit Krodde nix am Hut hawwe. Im Geeschesatz dadezu mache die Griene iwwerhaupt kaan Unnerschied zwische ere Krodd un em Laubfrosch. Nach dene ihre Fillosoffie wär des ja so ebbes wie Rassissmuss, da heerts bei dene uff. Naa, die Krodde lische dene genauso waam am Häzz wie die Frösch.

Iwwrischens hawwe die Hamsder jetz aach endlisch ihr Ruh. Frieher hat mer ja dadruff gepiffe, was aus altaasässische Hamsdern in em Neubaugebiet werd. Dademit is Schluss, endlisch. Wo Hamsder aasässisch sinn, da derf net gebaut wern. Die hawwe jetz ihr eischne Resservade, wie die Indianer bei de Amis.

Von dene vielfeldische Erleischderunge proffidiert awwer net nur die tierische Landbevölgerung. De Fisch gehds aach besser. Es hat ja lang gedauert, bis unsern Maa widder so rischdisch sauber worn is. Was da frieher als an Dreck neigeflosse is, mer glaabds net. Net nur Abfell von scheemische Fabbrigge un häuslische Fäggalje!

Des hat uffgeheert. So sauber wie mommendaan is de Maa schonn lang net mehr gewese. Brauchs viel Hällischkeit un mir schwimme bald aach widder am Eiserne Schdeesch riwwer un niwwer zwische Hibbdebach un Dribbdebach. Schee wärs.

Jedenfalls hat de Maa aach fer unser tierische Midgeschebfe widder heimadlische Ziesche aagenomme. Endlisch sinn die Aale, die Schleie, die Lachse un die Roodaache widder in Frankfort dehaam!

Aach in des Drummerum vom Maa is neues Leewe eigezooche. Iwwerall naache Biber an de Beem erum un die Wasserradde sinn schonn in de dridde Generaddsjohn an de Maaufern aasässisch.

Die Sach mit dere Auswilderung von Robbe un Seehunde im Maa hat iwrischens net geklabbt. Egal. Dadefer hawwe mer ja unsern Zoo.

Zum alte Eise?
Mir doch net.

Hessisch mit Frankforder Zungeschlaach

Ein Quiz

1 – Der hat en Dubbe

Der hat e Beul am Ei
Der is bugglisch
Der schbinnt e bissi
Der hat en Dobbelgenger

2 – Weljerholz

Keeschelkuchel
zum Teischausrolle benödischtes Gerät
Schbezialholz fer Weifässer
Billjaddkuchel

3 – Bibbel

e anner Wort fer Schliggser
kriet mer nach zu viel Ebbelwei
männlisches Geschleschtsmäggmal
Gerät zum Hagge

4 – Gediwwer

dumm Gebabbel
Gejammer, awwer net von eim selwer
leischtes Gewidder
obberhessisches Kadoffelgerischt

5 – Gorkser

Geräusche ausem Maache
Ausländer, wo bei der Gorkeernde helfe
beim Golfschbiele benödischte Geräde
aus Schottland imbordierte Pullower

6 – Mömbel

Dialektwort fer Möbel
besonnere Krebbel mit Kweddsche drin
Möbbs
Glogge vom große Frankforder Schdadtgeläut

7 – verhuddselt

verblembert
versoffe
veraascht
verschrumbelt

8 – Aal Scheggel

eklisch Wort fer e aal Fraa
Subbeschissel aus Ommas Nachlass
Gaddegeräde aus Ommas Nachlass
antiges Zupfinschdrument

9 – Gequellte

misshandelte Leut
geschwollene Köpp
Pellkadoffele
Biersorte, die mit Quellwasser gebraut wern

10 – borzele

bossele
bastele
hiefalle
dumm Zeusch schwätze

Gequellde ?

Hessisch mit Frankforder Zungeschlaach

So wärs rischdisch gewese:

1 - Der schbinnt e bissi
2 - zum Teischausrolle benödischtes Gerät
3 - männlisches Geschlechtsmäggmal
4 - Gejammer, awwer net von eim selwer
5 - Geräusche ausem Maache
6 - Möbbs
7 - verschrumbelt
8 - eklisch Wort fer e aal Fraa
9 - Pellkadoffele
10 - hiefalle

Harry Podder?

Was eim im reifere Alder als emaa die Pedersillje verhaachelt, des is Folschendes.

Es gibt als mehr Sache, die mer net mer hiekriet.

Du liewe Zeit! Frieher war isch mein eischner Dabbezierer, mein eischne Flieseleescher, mein eischne Elleggdrigger. Heut? Peifedeggel. So Awweide muss isch allminanner audsorse. Isch krieh des net mehr hie. Isch kann weesche meim Dadderisch net emaa mehr en Naachel rischdisch eischlaache. Schdatt dem Naachelkopp treff isch aan von meine Fingerneeschel.

Uff e Schdehleider komm isch aach net mehr nuff: Knieaddrose. Frieher hab isch mei Sogge selwer geschdobbt. Heut krieh isch de Faddem net mehr dorschs Nadelöhr, weesche meim Dadderisch.

Handwägg hat goldene Bode. An den Schbruch muss isch als denke, wenn die nächst Handwäggerreschnung kimmt. Was die allei an Weeschezeit bereschne! Aach wenn ihrn Lade selbst von mir mit meim Rollador in finf Minude erreischbaa is. Sie, da geht eim de Hut hoch.
Neulisch hab isch dem Willi Umbach beim Ebbelwei vorgejammert, die Handwäggerreschnunge dehte misch noch in de Ruin treibe.

Wisse Sie, wasser gesacht hat? Isch saachs Ihne. Er hat gesacht, isch sollt doch endlisch emaa en Bestseller schreibe, so ebbes wie de Harry Podder von de Fraa Roland odder wie se haaßt. Da könnt isch mei Handwäggerreschnunge aus de Wesdedasch bezahle. Un isch könnt mer iwwerhaupt en Baddler halde, der den ganze Geldkram fer misch erledischt.

De Willi! Als ob mer so en Bestseller grad so ausem Äämel schiddele könnt. Middere schwere Addros in de Ääm.

Atlasreise

Reise in die weite Welt sinn e fei Sach. Aach alte Leut sinn ja heutzudaach noch reiselusdisch, waache sisch bis zu de Niagara Fälle. Un in die Andarkdiss, zum Whalewadd-sching. Awwer irschendwann heerts uff, da wolle die aale Knoche net mehr.

So geht mirs.

Sie, wenn isch die Foddoalbe von meine Enkelkinner be-dracht, da bin isch schbraachlos. Wo die mit zeh, zwelf Jahrn schon gewese sinn: Amerika, Thailand, Indonesie, Ägypte!

Da kann isch net mithalte. Isch bin mit achtzeh zum ersde Maa aus Deutschland rausgekomme. Awwer komisch aa-gezooche, Knobelbescher an de Fieß, en Helm uffem Kobb. Die diesbezüüschlische Ausflüüsch hawwe 1945 hinner Schdacheldraht uffgeheert. Eine Juuchend im Schatte des Krieschs.

Wisse Sie, was isch jetz mach? Isch saachs Ihne. Isch mach Weltreise uff de Landkart. In meim große ADAC-Atlas, schee vom Sessel aus. Manschmaa fang isch in Deutsch-land aa, in Geeschende, wo isch frieher schonn emaa ge-wese binn. Dann schbazzier isch rum in Dinkelsbühl, Heil-bronn, Ochsenfurt, Wasserburg, Ruhpolding. Isch freu misch immer iwwer die heimelische Name! Die lasse dann

Bilder im Kopp endschdehe, die mit Geograffie gaanix zu due habbe: Dreieichenhain, Mondsee, Altkönig ... Da breitet die Seel weit ihre Flüschel aus, wie des de Freiherr von Eichendorff so wunnerschee in seim Gedischt „Mondnacht“ gesacht hat.

Sie sehe, so Naame uff de Landkart sinn fer misch, wie soll isch saache? Schätz, ja Wortschätz, die isch uff meine Atlasreise liebend gern ausgrab. Könne Sie des veschdehe?

Des hat gutgedah

Es gibt ja leider alles Mööschlische, was eim im Alder uff die Schdimmung drigge duht. Eim sei zisch Wehwehs beischbielsweis.

Goddseidank gibds awwer immer widder maa Sache, wo eim sei Schdimmung hebe un die schwazze Gedanke vertreibe.

Vergangene Donnersdaach zoddel isch miehsam ohne Rollador zum Zahnazzt, net weit weg von wo isch wohn. Als emaa saach isch mir: es geht aach emaa ohne Rollador, e bissi was haste doch noch druff, verdammt noch emaa!

Isch hadds net druff. Aa Eck vorm Zaadokder is mers schwindelisch worn, schwazz vor de Aache, un isch bin hiegeschderzt. Bleggaut.

Wie isch widder zu mir komm, da sinn zisch Leut um misch erum! Die hawwe misch uffgerischt, geschdüzzt, mir gut zugeredd, ei jüngere Fraa hat mich sogaa geschdreischelt, ob Sies glaawe odder net. Mer hat misch sogaa ins Krankehaus bringe wolle, awwer des war net needisch, isch war schon widder uff de Baa.

Awwer isch war iwwerweldischt von soviel Hilf, Fürsorschlischkeit, Zuschbruch un sogaa erer Schdreischeleinheit. Sie, des hat mer gutgedah. Sehr gut! „Siehsde“, hab isch gedacht, „die Mensche sinn doch net schlescht. Net all.“

Schbusi

Wenn Sie, so wie isch, gern Krimis im Fännseh gugge, dann wisse Sie, was Schbusi is. Des is die Schburensischerung. Da wern beischbielsweis Weigläser uff Fingerabdrück unnersucht odder DNA-Probe von Bludschburn gewonne, so Sache.

Mei Fraa wär eine hervorraachende Schbusibollizistin geworn. Die sischert taachtääschlisch die Schburn, wo isch hinnerlass, egal ob am Herd, im Bad, in de Gescherrschbülmaschin un all dene annere Schdelle, wo isch Schburn hinnerlass. Unliebsame Schburn, in ihre Aache.

Isch saach Ihne aans: Isch bin, ehrlisch!, beschdreebt, kaa unliebsame Schburn zu hinnerlasse. Leider, leider is des in meim hohe Alder braggdisch unmööschlisch. „Du hast ja schon widder mords Feddflegge uff deim neue Lacoste-Hemd! Wie oft hab isch dir schonn gesacht, du sollst der beim Esse e Serwjett umbinne."

Schdimmt. Des hat se schon zischmaa gesacht. Isch vergess des awwer immer widder. Was soll isch mache. Mei Gedäschtnis hat Löscher wie en Schweizerkäs. So ebbes bassiert halt im Alder. Isch hab aach den Verdacht, dass ausgereschent die Mahnunge von meiner Fraa besonners aafellisch fer des Vergessewern sinn.

„Gugge maa, wie der Debbisch aussieht! Du hast die Dreggschuh schonn widder net ausgezooche. Dehaam zieht mer doch Schlabbe aa. Wie oft soll isch des noch saache …“

Sie hat ja rescht, die aam Fraa. Isch hinnerlass wägglisch andauernd irschendwelsche Schburn, unliebsame, un sie hat – leider, muss isch aus meiner Sischt saache – trotz ihre achzisch Jahrn, scharfe Aache, Aache wie en Bussard, wo aus hunnert Meter Höh e Mäusje erschbäht.

Wenn isch des Fennomeen e bissi von erer hehere Wart betracht, dann muss isch saache, dass isch geesche hinnerlassene Schburn oft gaanix hab. Im Geescheteil. Isch finn viele hinnerlassene Schburn ausgeschbroche simmbadisch. Beischbielsweis die Kratzer, wo mehrere Hundegennerazzjone an unsere Diern (Türen, für des Hessischen Unkundige) hinnerlasse hawwe.

Die Kratzer gugg isch gern aa, isch wer da rischdisch e bissi sendimental, wenn isch denk: des da unne, des war unser liewes Julche, die is beim Kratze net so hoch nuff gekomme wie de Janko, unsern verschdorbene schene Airdale Terrier, von dem die Ratscher in Klinkehöhe sinn.

Simmbadische Schburn. Denkzeddel, sozusaache. Jetz, wo isch des hieschreib, da muss isch an e Kommod von meim Grossvadder müdderlischerseits denke. Die hat de Obba selwer gemacht, er war nemlisch Holzbildhauer, dem aach scheene Möbelschdigge fer die Familljе gelunge sinn.

Wie 1944 newe unserm Häusje e Fliescherbomb explodiert is, da is en mords Eiseschblidder dorsch die Hauswand in des Erbschdück neigekracht.

Sie, des Loch hawwe mei Eltern lange Jahrn dringelasse, hawwe nix ausbessern lasse. Des Loch war sozusaache e Erinnerung dadraa, dass mir all mit heiler Haut aus dem forschbare Kriesch rausgekomme sinn.

Schburnsischerung.

Isch hab noch e letztes Beischbiel aus meiner Famillje, Mein Vadder hat viele Hobbies gehabt, aans dadevoo war Ahneforschung. Er hat viele Worzele von de Wolffs bis ins achzehnte Jahrhunnert zurückverfolscht. Besonners fündisch isser immer in Kirschlische Arschive geworn. Aama hat er im Harz des Haus von eim von meine Urahne uffgeschbürt. Da hat em en eldere Herr, der in dem Haus gewohnt hat, en Balkon im erste Schdock gezeischt un gesacht: „Sehe Sie die schwarzbraun Schbur, die da obbe senkrescht unnerm Balkon nunnerleeft. Da hat de aale Herr Wolff immer de Sudd von seine Tabakspeif ausgeschidd."

Soviel zum
Thema Schbusi.

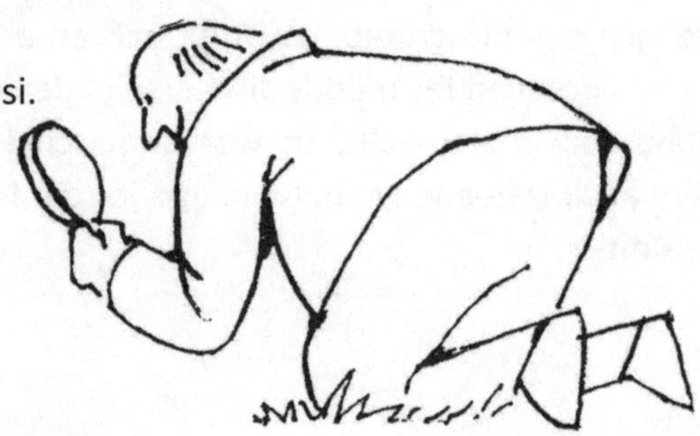

Nur net tranfunzlisch wern

Wisse Sie, was fer uns Sennjorn ganz, ganz wischdisch is? Isch saachs Ihne. Mir müsse uns immer mit was beschäftische, müsse in Beweeschung bleiwe, körberlisch un geisdisch. Nix schlimmer, als wie schdundelang uffem Sofa hogge un Löscher in die Wand gugge.

Es gibt Goddseidank en Haufe Mööschlischkeite, wie mer körberlisch un geisdisch beweeschlisch bleibe kann. Im Fall Sie des indressiert, gebb isch Ihne gern emaa zwei Beischbiele aus meim eischne Sennjornalldaach.

Isch habb schon immer gern gesammelt. Zisch verschiedene Sache, von Muschele un Verschdeinerunge bis zu Bierdeggel un Weinedikedde. Da is mer oft uff Schatzsuch unnerweeschs. Awwer aach geisdisch bleibt mer in Beweeschung, weil mer en Haufe Sache in Bischer odder im Indernet nachgugge muss.

Mein Leitstern im Lebe, frieher beruflisch un jetz im Ruheschdand, is die Beschäfdischung mit Schbraache. Mudderschbraache, Fremdschbraache, Hessisch, Bayrisch, Sächsisch, Schwäbisch, Slang un was net all.

In meine Schränk un Schublade wimmelts von schbraachlische Wortschätz, die isch mei Lebe lang ausgegrabe hab.

In aaner von dene Schubblade glänze ganz besonnere Kostbarkeide: Veröffendlischunge von ausländische Autorn un Iwwersetzern, die gemaant habbe, sie könnte Deutsch. Die Schubblad hab isch folschendermaße gekennzeischent:

Deutsch Sprak – Schwer Sprak

Isch winsch Ihne viel Lesevergniesche!

Deutsch Sprak schwer Sprak

Die achzehnte Ausgabe der Buchmesse von Viareggio hat offenkundig die Durchgang des Kundgebung nach einer voller Reife gezeichnet. Sie hat die Kraft einer originellen un nützlichen Formel beweist. Sie hat den Antrieb wie den grösste in italieniches Feld gezeigt. Die Schutz des Presidentes des Republik und von anderes Regierungs Organisationen hat der Buchmesse das verdienst Anerkennung gegeben dass Sie, mit beständiger fortschreitender Widmung zu der Verbreitung des Buches bemerkt hat. Neundneunzig Verlagen haben der Einladung angenehmt, ebenfalls viele fremden Vertretungen und die Leitungen von 117 Zeitschriften. Eine spezielle Ausstellung war der hundertjahrige Gedenkfeier des Totes von Alessandro Manzoni und der fünfhundertjahrige des Geburts von Nicolaus Copernicus ergegeben. Die Vereinigung der Verleger teilnahmt mit einer documentariche Austellung über das Thema: « Die Schule: erste Begegnung mit dem Buche ». Zehn berühmte italieniche Schrifteller haben abwechselnd mit der Publik discutiert und viele Kopien Ihren Bucher unterschriften. Die Buchmesse hat, von 5 bis 16 August, 24.000 Bücher verkauft.
Die neunzehnte Ausgabe der Buchmesse von Viareggio next Jahr noch in Piazza Mazzini von 5 bis 16 August 1974 gelegen wird: zusammen mit seiner Publik von mehr als 500.000 Personen.
Sie wird dem italieniche Komponist Giacomo Puccini gewidmet.
FürAuskunfte bitte schreiben Sie zu den Secretariat von: Fiera del Libro.
55049 Viareggio (Italia)

緊急時の心得

非常用酸素マスクの使用方法

当機は高々度で飛行しますので、機内は安全、快適な気密室になっておりますが、飛行中、万一機内の気圧が突然低下した場合には、酸素マスクの格納蓋が自動的に開き、酸素マスクが現われますから、その際は次の順序でマスクをおつけください。

①酸素マスクは皆様の頭上の棚の下側に格納されており、また、各化粧室にも備え付けてあります。

②酸素マスクが必要な状態になったときは、その格納蓋が自動的に開き、酸素マスクが頭の少し上まで降りてきます。

③ご自分に最も近いマスクをしっかりと掴み、お顔のところまで引き寄せてください。酸素を供給するチューブは十分な長さがありますから、座席に寄りかかったままで、マスクをつけることができます。

④マスクを引き寄せると同時に酸素が自動的に流れ始めますから、マスクを鼻と口の両方にかぶせ、マスクについているひもを頭にかけ、平常通り呼吸してください。

なお、乗務員の指示があるまでは、そのままマスクをつけていてください。

UNGLUCKS-INSTRUKTIONEN

DIE ANWENDUNGSMETHODE DER UNGLÜCKSOXYGENMASKE

Die [redacted] Convair 880M Jetlinieeren mit einem Unglücksoxygenvorrat, der ist in einer konvenabel Stelle gelegen, für den Schuz und Komfort jedes Passagiers versehen. Nach dem Ereignis von einer bastig Änderung des Kabinedrucks, wird ein Paneel, das ist direkt oben gelegen, automatlich offenfallen, und wird die Oxygenmaske über und vor Ihrer Kopf niedertropfen.

Die Maske gelegen über den Mund und die Nase wie folgt sein sollte:

① Die Oxygenmasken werden in den Abteilungen direkt über jedem Passagiersessel gelegt. Die Masken werden auch in Ruheraum gelegt.

② Ein automatische kontrolle wird so geordnet dass dann, wenn der Raumdruck sich ändern, wird ein automatische kontrolle die Türen der Abteilungen, die die Oxygenmasken enthalten, offnen und die masken werden für Anwendung niedertropfen.

③ Nehme den Halt der Maske am nächsten und aufsetzen. Dieser wird die Oxygen andrechen und so genug entlassen, dass können Sie in Ihrer Sessel mit der Maske komfortlich entspannen.

④ Probiere die Maske an Ihrer Mund und Nase; einhake sich den Riemen, droben; nachher verschnaufe normallich. Das Oxygen wird je unter jeder Zeit, wenn Sie verschnaufe, fliessen.

Anbehalte die Maske, bis Sie werden von der Schar geinstruiert.

LOCATION OF EXITS
緊急時の出口

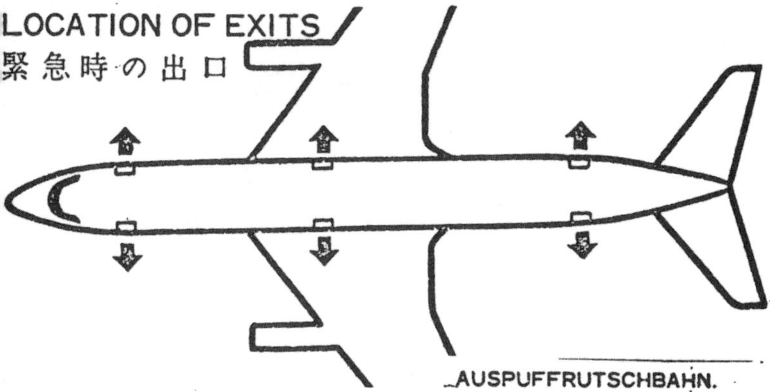

緊急脱出用スライド（ナイロン製滑り台）

機体から地上へ、より早く安全に脱出することができるように、機内の四つのドアの横に、それぞれ特別のスライド（滑り台）が格納されています。乗務員はこの使用方法に精通していますから、その指示に従って行動してください。

非常出口

当機には、前後二つの主要乗降口と、その向い側にある二つのギャレイ・ドア（調理室用出入口）の併せて四つの出口がありますが、この他にも非常用出口が機体の中央部に、左右１ヶ所ずつ付いています。

これらの出口は、その上部にはっきりと表示されてあります。非常口より脱出する際には、出口のハンドルのカバーをはずし、ハンドルを手前に引きますと、機体の一部分がはずれ、そこが出口になります。

脱出用ロープが非常口の上の方

AUSPUFFRUTSCHBAHN.

Un schnell Entkommen vom Aeropla zum Grund zu machen, wird ein spezielle Rutschbahn in jedem Vier-kabineturausgangen eingesezt. All JAL Scharen nach der Anwendungs methode der Rutschbahn sehen. Bitte folge ihr Instruktionen.

UNGLÜCKSAUSGANGEN.

Die Tür-und Fensterausgangen werde deutlich gebeklebt. Die zweien Haupt- und zweien Galleeregiensttüren sein. Die Fenstertüren in der Mitte de Kabine sein. Wegschaffe die Hand habedecke, packe und vorziehe di Handhabe. Die ganze Fenstereinhei wird dann offnen.

Ein Entkommenseil wird in der oberen Schwelle des Ausgangs für der Ent-kommenanwendung gelegt.

救命胴衣のつけかた

①救命胴衣は前の座席のポケットに備えつけてあります。着用法は次のとおりです。

②救命胴衣を袋から取り出し、広げてから、セーターのように頭からかぶって着てください。

③スナップのついた右の留金を右の"D"字型環に、左の留金は左の"D"字型環にかけ、両方のひもを引いて、適度にお締めください。

④左右の引き手を強く下方に引くと、救命胴衣はふくらみます。機内では絶対にふくらませないでください。

⑤救命胴衣のふくらみが足りないときは、ゴム管の口金をゆるめて、空気を吹き込んでください。

お子様には、子供用の救命胴衣が備えてあります。

（裏面もご覧ください）

DIE ANLEGUNGSMETHODE DER LEBENSWESTE.

① Die Lebenswesten werden in die Rückentasche des Sessels gegenüber von Ihnen stehend gesteckt.

② Nehmen Ihrer Lebensweste aus dem Vinylsack und offne es. Ziehe Ihrer Lebensweste über Ihr Haupt wie ein Überziehersweater.

③ Nehme die an beider Seiten gebundene Schnappschnallen und schnappe sie in die "D"geformten Ringe an das Zentrum. Überziehe die Tailleriemen und zusammenziehe die Riemen um Ihrer Taille herum.

④ Niederreisse an die auf beiden Seiten liegende Schnuren, um die Weste zu aufblasen. NICHT AUFBLASE DIE WESTE WENN SIE BLEIBEN ZUM PLAN.

⑤ Nun aber, wenn Ihrer Weste genug nicht aufblast, losbinde die Kappe der Endes des Gummischlauchs (das Mundstück) und blase auf den Schlauch. Zusammenziehen die Kappe, wenn die Weste wird genug aufgeblast. Wenn klein Kinder werden mit Ihnen gebegleitet, bitte dem Kabinehelfer um eine Kinderweste

HARDOX PROZESZ

Hardox ist ein ganz neues kalt Gehäuse systeme welche ist entwickelt bei SAPIC G.m.b.H. Creil wer alle Weltpatent helt für das Prozesz.

Hardox ist der Vergröszerung nicht brennen Technologie und besteht in mischung eine Furan typ Härze, beide stickstoff frei oder stickstoff-welche ähnlichheit hat mit eine unorganische superoxyd Bis zu diese Zeit wie das vermengte sand ist katalysiert mit SO_2 im lage in der Form oder Kerngehäuse mit fast sofortigen Kur (2–30 sekunden) der Sandmischung bleibt un wirksam.

Die folgende sind weinige der unmittelbare Vorteile der System.

- Gröszes verminderte Sandabfall mit eine Werkbankleben mehr als 8 stunden.
- Unbeschränkt minimum Gieszform Werkstatt Kostverwickelung seit dem bestehend Gieszform und Kerngehäuse gebraucht sind.
- Ausnahmsweise höhes ergieszend Sand welche gibst gutes Sanddichtigheit in Gieszform und Kerngehäuse oberfläche.
- Schnelles zurückkehr der Kerne für wiederfüllen, ausstoszen verdoppelung der Gieszforme und Kerngehäuse ausrüstung.
- Ausstoszung schwach qualität Kerne und Forme normal verbindet mit überkatalysierung.
- Verwahrlosung der Rauch in Sandmischung.

MASCHINE ABTEILUNG

Wir bringen auf der Markt der vollzählig sortiment und ausrüstung für chemische sandverbindungen.

- QS ununterbrochen mischers—der gröszt vollzählig maschine-angelpunkt—deullich und beweglich in fähigkeit 1 bis 50 tonnen pro stunde.
- Sandzurückbringen systeme von 3 bis 50 tonnen pro stunde. Klein paket einheiten oder abstecken welche der Kunde braucht für seine Fabrik.
- Hardox SO_2 ausrüstung. Gasstatione für halb wiederholung produktion der Forme oder Kerne in kleine Menge. Gaseinheiten für die anpassungsfähig Reihenproduktion Kern und Formblaser maschinen zu der Hardox SO_2 prozesz.

Wir bieten haupt zusammenziebarkeit und entwerfen Nachgiebigkeit an für Gieszerei Maschinen und für all chemische Sandverbindungen und prozeszen.

BIOT geniesst das berümhte Klima der **COTE D'AZUR** und diese angenehme Empfindung, die man fühlt, nicht nur von dem Wärmegrad sondern auch von den zusammengestellten Wirkungen der Seeund Landwinde, herkommt. Dank seiner Lage erfährt es weder die übertriebene Feuchtigkeit des Meerufers, noch die Trockenheit des Hinterlandes. Die Gestaltung seines Territoriums, sein Relief und seine Richtung haben zur Ausdehnung von Wohnviertel günstige Mikroklimas veranlasst.

Auf dem Boden von Biot, in welchem man den Abdruck von zahlreichen geologischen Zeiten so wie Kundgebungen eines örtlichen Volkanismus erfinden kann, wächst eine Vegetation deren gewisse, typische und manchmal ausserordentliche Arten, das Interesse des Besuchers immer erwecken.

COMMANDERIE DES TEMPLERORDENS

In der Tiefe der Küstenebene von la Brague, auf einem Sockel aus Muschelkalk, erhebt sich mit einer majestätischen Einfachheit das Dorf **BIOT,** die natürlichen, historischen und turistischen Schätzen Seines Bodens gegenüber.

Nach und nach, geben die Anschwemmungen dieser Ebene die Trümmer der tiefsten vergangenen Zeiten zurück: prehistorische Handbeile, Sgraffitomalereien, Trophäeblöcke, galloromanische Aquädukte...

Auf dem Land von Clausonne, der Tempel von « der goldenen Ziege » und am Stelle des Dorfes, mehrere Steininschriften von dem pulsierenden Leben, das dort am ersten Jahrhunderten unseres Zeitalters sich abspielte, bezeugen.

Im Mittelalter, haben die Bischöfe von Antibes und die örtlichen Burgherren rücksichtslos die Trümmer dieser antiken Bauwerke als Material um ihre gebäude zu bauen, benutzt.

Dann kamen die **TEMPELRITTER,** die beschenkter von Rechten, die der Graf von Provence, aufs Land und Meer besitzte, unter dem Schutz ihrer mächtigen Kommanderie haben sie die in den eingrenzenden zerstreuten Ländern, Fraktionnen von Lehensherrschaft vereinigt und tatsächlich haben sie, sogar weit über die heutigen Grenzen, die Einigkeit des Territoriums von Biot gelugen.

Im 1470, richte der Konig René unter der Lehensherrlichkeit der Bischöfe von Grasse und der Johanniter, den Nachfolgern der Tempelherren, eine Gemeinschaft von Einwohner ein. Sie wurde mit nennenwerten Rechten und Vorteilen ausgestattet und deshalb gab sie dem Land die Möglichkeit, bevor es von aller lehensher lichen Macht durch die Revolution befreiet wurde, sich aufzuheitern. Ein Teil der heutigen Bevölkerung stammt aus dieser Gemeinschaft.

Im Laufe der Zeiten, wurde Biot mehrmals wegen Pest oder Krieg zerstört, verlassen oder verbrannt, trotzdem hat Biot immer sein ausordentliches Schicksal wiederaufgenommen.

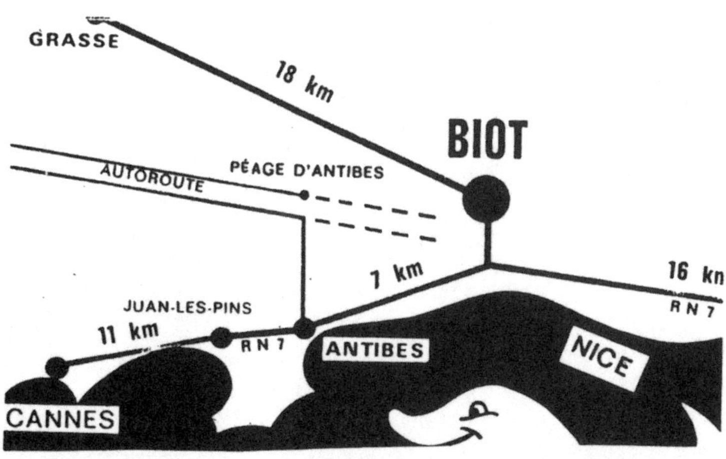

Des zweite Beischbiel fer mei Sammeltätischkeit sin Fremdwörder un ihr Bedeudung, e aaschbruchsvoll Sach, awwer prima geeischent fer die Erhaldung geisdischer Beweeschlischkeit.

Sie, in dere Zeidung mit dem kluuche Kopp dehinner, da wimmelts uff jeder Seit von Wörder, die de Leserinne un Leser von em annere sehr weit verbreidede Blatt wie e Schbraach von em annern Schdern vorkomme dehte, wenn se die Zeidung iwwerhaupt lese dehte.

Wir verlassen nun einmal für eine kleine Weile unser hemdsärmeliges Hessisch mit Frankfurter Zungenschlag und wenden uns dem sophisticated Deutsch einer anderen Liga zu.

Sollten Sie nach der Rezeption der folgenden Exzerpte aus einigen Seiten des vorerwähnten Printmediums den Impetus verspüren, Ihre eigenen Defizite respektive Ihren Performance Level zu eruieren, so empfehlen wir eine Exkursion ins Internet.

Wiederum viel Lesevergnügen!

so etwa scheint es der Kanzler zu meinen, wenn er an die Evidenz eines neuen Common sense appelliert

dann als ärztlicher Mann zuerst als Kranker, Famulus

gewohnt virtuos. Dana Caspersen als Spinnenfrau und Herrscherin an der Schwelle zur Unterwelt verzerrt im zweiten Akt mit ihrem Hang zu überdramatischen Manierismen ihre Figur jedoch fast ins Groteske.

us dem Duktus des gesamten Beitrags ann man den Eindruck gewinnen, daß

Daraus und

Der Ortsbischof ist eo ipso gesamtkirchlicher Bischof, weil

sem einen *déjà vu*. Aber es bleibt nicht bei die-

Bisky

richt erschöpft vom „semantischen error in endlosen Debatten"

Ein Japaner, dem dies Erlebnis berichtet wurde, meinte lapidar:

ein düsteres Pandämonium von Baselitz

die das Ruhrgebiet für die vom Europäischen Parlament verliehene Auszeichnung prädestinieren sollen

Kaum dem Bus entstiegen, strebten sie auf einen Obelisken zu, der auf einer kleinen Anhöhe weit außerhalb der Stadt steht.

Forensische Psychiatrie

ein Triptychon vom Anfang des sechzehnten Jahrhunderts

Huldigung an Venedig mit deutlichem Epitaph-Charakter

Dennoch: Dieser Komponist am Scheidewege zwischen Spätromantik und Moderne, der unterschiedlichste Anregungen und Einflüsse zu einer keineswegs eklektizistisch-epigonalen Sprache verschmolz,

einer Frau, die in düsterer klaustrophobischer Enge ohne Liebe und Wärme zum Ungeheuer mutiert

Wenn die Davoser Literaturtage sich seit einigen Jahren des Themas „Krankheit und Literatur" angenommen haben, dann spielt hier der *Genius loci* mehrfach mit.

weil gerade Nono in den sechziger und siebziger Jahren in der Bundesrepublik mehr oder minder Persona non grata war

Eher als romantische Prosa erwartet man von ihm die nüchterne Explikation von Protokollen und Aktennotizen.

Doch der seit dem 1. Januar von Agnes Husslein abgelöste Direktor, der von seiner neuen Wirkungsstätte Bologna aus das Rupertinum-Programm noch bis zum Sommer betreut, handelte durchaus *pro domo*, indem er die Existenz dieser

Midde ausem Lebe (3)

Tag der offenen Tür

hat gesdern uff dem Blaggaad geschdanne vorm Frauegefängnis in Frankfort-Preunjesheim.

So ebbes erlebt mer selbst in Frankfort net alle Taache. Kaum zu fasse: Iwwer siwwehunnert Leut sinn da nei, in des Gefängnis, darunner de Hessische Minisderbräsident un en Bischof aus Limbursch. Un iwwer fuffzisch Fraue wo da emaa eigelocht gewese sinn, awwer inzwische widder uff unbescholdene freie Fieß sinn.

Dokder Evelyn Rabenass, des is die Fraa, wo die Aaschdalt unner sisch hat, die war ganz newer de Kapp iwwer den Erfolsch von dere Veraaschdaldung. Kaa aanzisch von dene ganze inhaffdierde Fraue deht die Endrieschelung von dene ihre Zelle ausgeniddst hawwe fer e perseenlische Ordsverännerung. Un des, obwohl die Leut vom Wachpersonal von ganz owwe Aaweisung gehabt hawwe, wegzugugge, aach wenn vädeschdische Beweeschunge Rischdung Ausgang gemeld worn sinn.

Fer die Fraa Dokder Rabenass is des en schlaachende Beweis fer die Addraggdiwwidät von ihre Eirischdung.

Ähnlisch hawwe sisch annere Leut geäusert, wo sisch in dem Gefängnis sehr, sehr wohl gefiehlt hawwe. Besonners aagenehm sinn uffgefalle die fuffzeh Wellnessbereische un die leggere Kostprobe aus de Gefängniskisch.

Isch hab selwer mit e paa Exknackifraue geschbroche, wo da zu Besuch warn. Sie wern lache, awwer die sehne sisch allminanner als emaa zurick zu der Geborscheheit von Preunjesheim.

Mer kanns verschdehe, wenn Se misch fraache. Mer brauch ja nur maa draa zu denke, was aam hier drauße, in de freie Wildbahn sozusaache, taachtääschlisch um die Ohrn gehaache werd, an Inflazzjohn, Awweidslosischkeit, Iwwerwachungskammeras, Dorschleuschdung am Fluuchhafe un was waaßisch.

Dadegeesche is mer doch in so erer vorbildlische Aaschdalt wie Preunjesheim emaa e Zeidlang abgeschermt, maane Sie net aach?

So gehds net weider

Gugge Sie aach des Hessefännseh?

Sie, was sisch da an Abgrind uffduht, Abgrind an Unkenndnis iwwer unser hessische Mudderschbraach, da geht aam de Hut hoch. Awwer wägglisch.

Da gibds ja beim HR des sogenannde Hessequiz.

Von dene Quizfraache, wo da geschdellt wern, sinn mansche Kandidade so was von iwwerfoddert, dass aam, wie gesacht, de Hut hochgeht, un des reischt net. Da bleibt aam aach die Schbugge weg, un mer kann net mehr gradaus gugge.

Da is doch neulisch die Fraach geschdelld worn, was „Gequellde“ sinn.
Wisse Sie, was dadebei erausgekomme is bei einische Kandidade?

Gequellde, des sinn Leut mit Iwwergewischt.
Gequellde, des sinn Leut, wo mer misshandelt hat.
Hoffnungslos weischt der Mensch der Gödderschdäcke, wie de Schiller gesacht hat, odder de Geede.

Hier e paa Inderbreddazjone von dem Ausdruck „Hats geschnaggelt?“, der wo bekanndlisch dadenach fraacht, ob de Grosche gefalle is.

„Isses Liebe uff de ersde Blick gewese?"
„Hads gehaachelt?
„Isse gleisch schwanger worn?"

Bei so Andworde häächds aan um, misch wenischsdens.

„E Niggersche mache", also e Schleefsche halde, des is folschendermaße ausgeleescht worn:

„e Scheeferschdündsche hawwe"
„en klaane Affrigganer zeusche"
„e klaa Geschäft verrischde"

Da falle aam die Haan vom Kobb.

De HR will jetz geescheschdeuern.
Mit Aafenger- un Fordgeschriddenekurse in Hessisch.

Es geht vorwädds midde Indegrazion!

Hawwe Sie des aach mitgekrieht? Es dauert net mehr lang, dann sinn mir Frankforder zu fuffzisch Brozent Auslender. En Haufe von uns hawwe dann en „Miggrazionshinnergrund.“

An des Wort muss isch misch noch gewöhne. Schdatt zu saache: „Der Mustafa issen Terk“, schbiddse vornehme Dame ihr Libbe un flöde: „Herr Mustafa ist ein Frankfurter mit Migrationshintergrund.“ Was soll mer dadezu saache? Isch selwer persönlisch leb schon seit zisch Jahn in Frankfort, bin awwer in Offebach geborn. Bin isch desweesche en Frankforder mit Offebescher Miggrazionshinnergrund? Also wissese ...

Frieher hats ja efders Schbannunge gegewwe, ja aach Ausenannerseddsunge zwische dene mit so em Hinnergrund un dene aldeigesessene Frankforder. Also Leut, wo sozusaache mit Maawasser gedauft worn sinn.

Des hat awwer nachgelasse. Es gibt ja Leut, wo saache, des deht dademit zusammehenge, dass die aldeigesessene Frankforder als weenischer wern. Da is villeischt schon e bissi ebbes draa.

Isch selwer persönlisch neisch awwer mehr zu der Aasischt, dass mir im Laaf von dere Globbalisierung allminanner e bissi muldikuldureller worn sinn.

Isch saachs jedenfalls laut un deudlisch: Isch hab absolut nix geesche Leut mit so em Dingshinnergrund. Schon gaanet geesche die Terke. Wisse se, was mei Schwischermudder emaa zu meine klaane Töschder gesacht hat: „Denkt emaa an misch: In zwanzisch Jahn draacht ihr all Kobbdischer, dann sinn mir allminanner Terke."

Himmlischer Seesche?

Die Welt hat damals de Kobb geschiddelt. Anno 2011 hat Frankfort e ganz schbeckdakuläre Paddnerschaft an Land gezooche: middem Vaddikan, Sie erinnern sisch?

Unser daamaalische Owwerbirschermeisderin un de Papst in aam Boot! Da hat Frankfort de Münschner e gewaldisch Schnibbsche geschlaache. Die an de Isar hadde sisch ja eigebild dasse beim Benedikt en gewaldische Schdaa im Brett hawwe deede.

Isch bin zuversischdlisch, dass uns de himmlische Seesche dorsch die Paddnerschaft sischer is.

Annere Frankforder sehe des anners. Die maane, nix deet mehr so sei, wies emaa gewese is. En neue Pabst, wo kaan Bayer is, en neue Berjermeister, wo net in de CDU is, dann die ganze Geschischte vom Vaddikan, Sie wisse schon was isch maan, die errodische un finanzjelle Hinnergrund hinner dem Heilische Schduhl ...
Wadde mers ab.

Untauchlisch

Was wärn mir Frankforder ohne unser Nidda!

Des is doch es reinsde Parradies da unne. Erstemaa des Flüssje selwer, mit all dene Entscher druff, dene klaane Wasserhiehner, wo als emaa so lang nunnertauche, dass mer denkt, die sinn abgesoffe, awwer dann tauchese doch widder uff, awwer ganz annerswo als da wo se nunner sinn. Un dann die Schwän! Manschmaa so e Päärsche, mer sieht rischdisch wie verliebt die in enanner sinn, fast so wie innerem Film von dere Rosamunde Pilscher, gell? Un dann die klaane Kinner wo mit ihre Mammas owwe uff de Brigge schdehe un Brodkrimmel nunnerschmeiße in die Nidda, un die Entscher balsche sisch mit de Möwe um die Krimmel!

Wemmer Glick hat, dann kimmt sogaa noch en Graureier aageflooche un schnabbt sisch im Schdorzfluuch en mords Fisch aus de Nidda. Ach, is des schee, is des schee!

Da freue mir Frankforder uns dadriwwer, dass die Nidda als schee sauwer gehalde werd. Von dene Taucher von de Hausener Feuerwehr.

Jahaus, jahei säuwern die des Flussbett. Da kenne die nix. Was maane Sie, was da all zum Vorschei kimmt, was die Leut all von de Brigge schmeiße! Da kimmt ebbes zusamme an Fännseher, Raadjoos, Kommbjuder, Kiehlschränk, Tresorn aus Eibrüsch, un was net all.

Letzt Jah sinn die Taucher uff ebbes ganz Besonneres geschdooße: siwwe Kisde mit Wei. „Frankfurter Lohrberg“ vom Jahrgang 1937. Eine eschde Andiquidääd, sozusaache. Wie die da nei komme is, mer waaß es net.

Der Wei is gleisch an Ort und Schdell verkösdischt worn.

Die Feuerwehr soll awwer zimmlisch sauer gewese sei, weil der Wei zimmlisch sauer gewese sei soll.

Hundehalder emaa herhörn!

Wenn in leddsder Zeit ebbes um sisch greift, dann isses die Erkenndnis, dasses in Frankfort als wenischer Kinner, awwer als mehr Hunde gibt.

Infolschedesse geht der Lärmpeeschel, wo dorsch Kinnergekrisch endschdeht, als mehr zurick. Des heern die Leut gern, wo weesche der neue Schdardbahn am Fluuchhafe des Orobax kaum noch aus ihrne Ohrn rauskriehe. Annererseids geht der Hundepeeschel, also der Peeschel, wo vom Belle kimmt, als weider enuff.

Des heert mer net so gern.

Ehnlisches schbielt sisch bei dene Eggsgremennde ab. Was die klaane Kinner in ihr Windele eneimache, des fällt gaanet so asch ins Gewischt, wämmers vägleischt mit dene haufeweise Probbleme, wo die Hunde iwwerall hinnerlasse.

Es is ja so: Mer kann weggugge wie mer will, awwer die Hundehaufe schbringe eim ja iwwerall in die Aache. Nix zu mache.

Goddseidank gibds jetz schdrengere Endsorschungsvorschrifde fer Hundehalder. Die schdooße zwaa mehrheidlisch uff väschdobbde, wenn net sogaa taube Ohrn bei dene, awwer jetz hawwe die Bosse e Loch. Isch erklers Ihne.

Leut, wo ihr Hundeviescher net ordnungsgemäß endsorsche, beziehungsweis die Hinnerlasseschafde von dene, die wern in Gewahsam genomme. Die Hunde. Des kann Woche dauern. Monade im Eggsdreemfall, je nach Häufung von dene ungeseddslische Hundehaufe.

Dadebei seddse die Behörde dadruff, dass die hohe Gewahsamskosde un die Hunde-Endzuuchserscheinunge bei dene Hundehalderinne un Hundehalder dadezu führn, dass die normale Bürscherinne un Bürscher in Zukunft in deudlisch weenischer Hundehaufe eneidabbe.

Wie mer aus Maggisdrahdsgreise heert, soll jetz aach dem Hundegebell erhöhde Uffmäggsamkeit geschengt wern.

Neue Tön aus de U-Bahn

Gesdern Morsche denk isch, isch hör net rescht. Isch bin in de U 1 unnerweeschs zum Eschenheimer Torm, da kimmt ausem Laudschbrescher diese Aasaach: „Mir halde gleisch an de Hüüschelschdraaß. Ausschdeische duhn se bidde reschds. Tschöö, macheses gut."

Is des zu fasse? Unser goldisch Frankforderisch laut un deudlisch im Öffendlische Nahverkehr! Sie, vor lauder Freud wär isch fast an die Deck von de U 1 gehibbt, so schee, so lieblisch hat des geklunge.

Im Fall Sie des net wisse: Verdanke duhn mir diese Wohltat dem FFF. Des sinn die Freunde un Förderer vom Frankforderische, die wo sisch gern als emaa e Baa ausreiße, un zwar fer des Iwwerlebe von unsere Mundaad.

Leider geheeert des Frankforderische zu de bedrohde Aade. Iwwerleesche se emaa: mir Frankforder beschdehe jetz schon zu praggdisch fuffzisch Brozzent aus Auslender. Un von dene schdröme als noch mehr zu uns enei. Die redde net emaa Deutsch, geschweische denn Frankforderisch. Un die iwwrisch gebliwwene Deutsche in Frankfort schwäddse viel Sächsisch, Schwäbisch, Berlinerisch un so weider, awwer wenisch Frankforderisch.

Es gibt ja sogaa eschde Frankforder, Godd seis geklaacht, wo ihrn heimische Dialekt verleuschne. Da könnt mer die Gaasegischder kriehe.

So isses halt. Awwer mit dem FFF sieht mer ja e bissi Lischt am End vom Tunnel. Isch selwer persönlisch bin dem Verein schbondaan beigedrede un knabs mer gern e paar Euros ab, fer de Mitgliedsbeidraach.

Un Sie?

Grie Soß Worldwide

Dass als noch mehr Tourisde un Miggrande aus annere Lender zu uns eneischdröme, es soll mer rescht sei. Isch hab nix degeesche. Noch net.

Wenn awwer dadorsch unser Grie Soß als knabber wird, des basst mir gaanet, da heert de Schbass bei mir uff. Es is neemlisch so, dass die Auslender all ganz narrisch uff unser Grie Soß sinn, iwwrischens ganz ehnlisch wie uff unsern Frankforder Wei. Die fresse uns noch die ganz Grie Soß vor de Nas weg.

Die Schinneese zum Beischbiel, Kerle, Kerle, Kerle, die kenne de Hals net voll krieje, die kaafe sogaa die Klaamarkthall noch leer, aan Daach bevor se widder haamfliesche.

Aa Glick nur, dass unser Owwerräder Gäddner bliddsaadisch uff die exblodierende Naachfraach reagiert hawwe. Saache se selwer: Is des net en hällische Aablick, wenn mer von Frankfort aus nuffzus nach Hessisch Sibirie fährt, uff jeder Seit riesische Felder mit nix wie Schniddlauch, Pedersillje, Borredsch un wie se all heiße, die scheene Kräuder fer unser Grie Soß. Da, wo frieher maa Rungelriewe gewaggse sinn, da lischt jetz von Bad Vilbel bis nuff in de Voochelsbersch aan Debbisch nachem annern mit all dene leggere Kräuder, Kräuder wo sisch zu aam von unsere wischdischsde Exbordaddiggel

GRIE SOß
FRANKFORT
GREEN SAUCE
DEVELOPMENT
CORPORATION

endwiggelt hawwe. Grad erst hawwese die Audos aus Risselsheim iwwerholt!

Da wunnert mer sisch net, dass in Oberrad jetz sogaa e mords Forschungsaaschdalt uffgemacht hat, es sogenannte „Frankfort Green Sauce Research Center“. Schon de Naame allaa zeischt, wos mit de Grie Soß langgeht: naus uffen Weldmaggt!

In dere Aaschdalt sinn iwwer hunnert Experde dademit bescheffdischt, ebbes zu erforsche, was in dene ihre hochgeschdochene Schbraach als „innovative Züchtungs- und Verzehrsvarianten“ bezeischent wird. Des kennt mer aach e bissi annersder saache, eifacher, wennse misch fraache. Awwer so sinn die halt. Des hat alles midde Globballisierung zu duhn. Da schdehsde als klaane Endväbraucher machdlos wisawie.

Des Bischelsche, wo des alles drin schdeht, des kriehese kosdelos in dem Risördsch Cender da.

Die basdele iwrischens grad anneme neue Prodduggt, nadierlisch aach middem vornehme englische Name: Frankfort Green Sauce extra dry“. Des beschdeht aus gedroggnede Kräuder, dann Ei- un Kadoffelpulwer un em klaane Krüüschelsche wörzische Soß aus Wäschdersbacher Schdaagut. Des sieht escht goldisch aus, des muss mer dene lasse. Es Aach isst ja aach mit, gell?

Auserdem leeft bei dene grad e sogenanndes „Convenience-Food-Project". Da wern die Kräuder zusamme mit Eiern, Pellkadoffele un Soß tiefgekühlt un dann in Folie eigeschweißt.

Uffseheerreeschend is e Kreuzung von Schniddlauch un Pimpernell. Wie mer heert, soll de sogenannde Pimperlauch aabaumeeßisch Riesevordeile biede. Auserdem wern em ganz erfreulische Neewewirgunge bescheinischt, so wie von em Affroddisikakum, odder wie mer des Zeusch nennt.

Expordiert wird im Aacheblick in zägga fuffzisch Lender, dadrunner de Vaddikan. Kennt ja sei, dass de Pabst selwer e Schwesch fer Grie Soß hat. Obwohl, die Peebst derfe ja eischendlisch kaa Schwesche hawwe. Awwer des nur newebei.

Die Paggunge sinn iwwrischens väziert mit lauder scheene Moddieve aus Hesse, beischbielsweis em Ebbelweibembel, em Geede mit dem scheene breide Hut, odder em Deller mit Handkees un Musick druff.

Arrawer jetz aach am Lohrbersch

Alles schdeischt. Die Peeschelschdände in de Weltmeern, de Dorschmesser von dene Ozonlöscher, die Eelbreise, un was net all. Des heert mer gaanet gern.

Es Lebensalder schdeischt aach. Net unbedingt Ihne ihrs odder meins. Abber dorschniddlisch gereschent schdeischds. Des heert mer gern.

Annererseids kann mer sei Aache net dadevor verschließe, dass die Aldersbeschwerde bei de Sennjorinne un Sennjorn aach schdeische. Des heert mer dann widder net so gern.

In Frankfort isses jedenfalls so, dass als mehr Sennjorinne un Sennjorn es net mehr hiekriehe, ihrn geliebde Lohrbersch zu beschdeische.

Goddseidank gibds jetz e bissi Lischt am End vom Tunnel. Es wird gemungelt, hinner vorgehaldene Händ. En Inwesdor aus Dubbai soll dem Maggisdraht e Aagebot vorgeleescht hawwe. Fer de Bau un de Betrieb von ere Seilbahn owwenuff uff de Gibfel vom Frankforder Lohrbersch.

Sache bassiern in Frankfort, da geht eim de Hut hoch. Da wern sisch unser aale Leut freue: Schee bequem uff de Lohrbersch nuff!

Annererseits hadds im Schdadtpallament dadriwwer en mords Krach gegewwe. Des iwwerrascht misch net. Es gibt ja als Krach iwwer ebbes.

Wer hat am laudesde broddesdiert? Die Griene.
So könnt mer eine alde Kuldurlandschaft net verschandele, so net.

Un die Sozis? Fer die is e Seilbahn viel zu gefählisch. Unmööschlisch. E Zahnradbahn, die wär aggsebdabel, die wär des rischdische fer unser aale Midbürscherinne un Midbürscher.

Awwer des basst dem Arrawerscheisch net in sein Kram. Der deht bald den ganze Kram hieschmeiße, wie mer heert.

Isch saach Ihne aans: Unser friehere Owwerbürschermeisderin hätt des hiegekriet, mit ihrm Scharm. Die hat se doch all unner ihrn Hut gekrieht. Leider hat se ihrn Sessel geräumt. Fer jingere Leut.

Ob die des hiekriehe? Mer waaßes net. Mer hoffds.

Wenn se misch fraache: Mir gefällt des Angaschemang von dene Arrawer. Erst die Bizzelwasserpeipleins, jetz die Lohrberschbahn.

Da is Bollidick dehinner. Des geheert unnerschdiddst!

Tag des offenen Käfigs

Jetz hat also die Friedensbeweeschung endlisch aach unser tierische Midgeschebfe erreischt.

Mer kann sisch jetz perseenlisch dadevoo iwwerzeusche, dass die Tiern sisch net mehr geeschenseideisch ufffresse. Es is nehmlisch endlisch gelunge, fast alle Tiern uff flanzlische Ernehrung umzuschdelle.

Des sinn jetz Bilder im Zoo, da komme eim direggt die Träne: eidreschdisch newenanner Leewe, Ziesche, Scheefscher un Gazelle!

Im große Wasserbegge schbiele Seehunde un Eisbärn midenanner, un dene Kroggodile danze Pinguine uff de Nas rum, goldisch.

Fer Iwwerraschung bei de Zoolooche hat des verennerte Paarungsverhalde von einische Tiern gesorscht. Mer hat neemlisch beobacht, dass e paa Schdeinadler es mit Terketaube gedriwwe hawwe. Un im Freigeheesch hat sisch e Giraff iwwer e Zebra hergemacht.

Mer derf aach den klaane Schadde net verschweische, wo uff den Daach des offene Keefischs gefalle is. Es hat neemlisch en sibirische Tiescher, wo noch net hunnerdbrozendisch uff flanzlische Ernehrung umgeschdellt gewese is, aam von dene Besucher de linke klaane Finger abgebisse.

Allerdings hat der bei erer Pressegonferenz gesacht, ihm wär des egal. Ihm wär im Lauf von seim Lewe schon so viel abhande gekomme, da dehds ihm uff aan Finger mehr odder wenischer aach net mehr aakomme.

Unsern Zoodireggder, de Professer Niekisch, hat die versöhnlisch Eischdellung des fümmunachzischjährische Rendners dadorsch honnoriert, dasser ihm e Freikadd fer beliebische Zoobesuche perseenlisch iwwergewwe hat.

KIOSK
BILD

Schad

Wenn von de Frankforder Sehenswirdischkeide die Redd is, dann hawwe so Sache wie de Dom, de Reemer, de Geede un so als die Nas vorn. Awwer wer redd von dene wunnerscheene viele Wasserhäusjer, wo iwwer die ganz Schdadt bunt verdeilt sinn?

Isch.

Eischendlisch schad, dass die Wasserhäusjer viel von ihrer Ausschdrahlung verlorn hawwe. Des hengt awwer dademit zusamme, dass eim von owwe runner des maadisch gemacht wird, dass mer da geisdische Gedränke zu sisch nimmt.

Des is wägglisch schad, dass eim des vermiest wird, wägglisch schad.

Isch persönlisch erinner misch gern an all die Jahrn, wo mer in frohgeschdimmder Gesellschaft sei Gedange austausche konnde. Ja, da konnt mer freimiedisch Kriddick iebe, an Zuschdänd, wo eim net basse un an Boliddiger, wo eim zum Hals naushänge, habbisch net rescht?

Un dadebei konnt mer als sein Dorscht lösche.

Des war die guude alde Zeit. Sie kimmt net widder.

Traurisch

Leider misse mir Frankforder Abschied nemme von erem aldehrwirdische Brauch: dem Fischerschdesche.

Des Fischerschdesche is ja bekanndlisch aa von de Glanznummern vom Frankforder Maafest gewese. Dademit isses jetz leider aus. Sie wisse ja, bei dem Fischerschdesche fahn muudische Männer in Bootscher uffenanner zu und prowwiern dadebei, die Männer uff dene annere Bootscher mit lange Schdange in de Maa zu schdumbe.

Nadierlisch sinn dadebei Männer in de Maa gefalle, des is ja die Haubdgaudi bei der Sach gewese. Die Tauf mit Maawasser hawwe die ja aach unbescheedischt iwerschdanne, bis uff klaane Kraddser.

Beim dissjährische Maafest leider net. Da is aaner von dene Männer so was von ungligglisch gedroffe worn, dasser uff de Schdell doot in de Maa geschderzt is. Der versehendlisch erschdochene Mann hat Fischer gehaaße.

Desweesche kann mer jetz net eifach mit dem Fischerschdesche weidermache als wär nix gewese.

Herr FISCHER

POLDI
BAYRISCH GEBIMMEL

Bayrisch Gebimmel

Gut sinn se schon die ganz Zeit iwwer gewese, die Beziehunge zwische Frankfort un Owwerbayern.

Awwer jetz hat mer noch aan druffgesetzt: die Schdädtepaddnerschaft zwische Frankfort un Ruhpolding.

Sie, des war en feierlische Momment, wo die Ruhpoldis unserm Schdadtowwerhaupt die Chiemgauer Kuhglock iwwergewwe habbe. Kaa gewehnlisch Kuhglock! „Die Dicke Poldi" wiescht dreikommasiwwe Tonne. Da bambelt ganz schee ebbes rum, wenn die Poldi nächst Woch im Gloggeschduhl von unserm neue Henningertorm uffgehängt wird.

Die Dick Poldi is die Nummer Aanunfuffzisch im Chor von dene Frankforder Inneschdadtglogge.

Sie kenne ja des mords Gloggegeläude, wo vier maa im Jah bei uns in Frankfort zu heern is. Des kann mer ja gaanet iwwerheern, des sogenannde Große Schdadtgeläude.

Schee, dass des altehrwirdische Gebimmel un Gebammel jetz noch so e hällisch ländlischbäuerlisch Schdimm dezukrieht.

Die dicksde Dickworz

In Frankford-Oberrad hat die Wiesch von de Griene Soß geschdanne. Die dordische Gäddner baue ja middlerweil fast nix als wie die siwwe Kräuder aa.

Die wischdischste Ausnahme sinn die Dickworze vom Gäddner Winzisch. Der züschded nämlisch die dicksde Dickworze von de ganze Welt. Die allerdicksde.

Awwer net als Fudder fer die Kieh un annere Viescher, naa, des net. Seit iwwer zwanzisch Jahn sorsche sei Dickworze fer Sennsazzjone uff Landwerdschafdsausschdellunge in de ganze Welt.

Gut, mir sinn ja dorsch Grie Soß, Frankforder Werschdscher un de Geede schon ganz gut uffgeschdellt im globbale Schdandordweddbewerb. Awwer em Winzisch sei Riesedickworze, die duhn unser Renommee nochemaa gewaldisch schdeischern.

Ja, mir Frankforder hawwes halt druff.

Abreesche, runnerschalte!

Mer könnt die Gaasegischder kriehe! Daach fer Daach Hiobsbodschafde in de Zeidung un im Fännseh. Flischdlinge im Middelmeer erdrunke, noch e paa Milljadde in des Grieschische Fass ohne Bode, noch mehr Ääderwähmung, noch mehr Droocheabhängische: Es heert net uff.

Isch saach Ihne aans: Mer sollt eifach maa e Zeid lang kaa Zeidung lese un kaa Fännseh mehr gucke. Un die Welt eifach maa sisch selbst iwwerlasse. Es lischt doch uff de Hand: mir ännern nix am Laaf von de Welt.

Gut, mir hawwe e Demmogradie un könne wähle. Awwer viel ännert sisch net, wenn mir schdatt de Schwazze die Griene wähle, odder?

Wenn Se misch fraache: Isch hab als alder Mensch e schdagges Bedürfnis nach Hammonie.

Isch hab noch en Tipp fer Sie. Da gibds jetz – wägglisch un wahrhafdisch! – e Fraa, die bringt e Zeidung raus, in der nix wie gude Nachrischde schdehe. Die sollde mir Oldies sofort abonniern.

Männer unner sisch

Der aane Mann:
Hasde die Geschischt vom Schorsch aus Bernem geheert?

Der annere Mann:
Naa. Was fer e Geschischt?

Der aane Mann:
Wie de Schorsch Mondaach haamkomme is, von erer lengere Geschäfdsreis, da hadder sei Fraa mit seim Freund Willi iwwerrascht.

Der annere Mann:
Wie iwwerrascht?

Der aane Mann:
Die zwaa hawwe zusamme im Bett geleesche.

Der annere Mann:
Ja un?

Der aane Mann:
Der Schorsch is dorschgedreht un hat sein Freund erschosse.

Der annere Mann:
Mach Sache!

Der aane Mann:
Des is net alles. Dann hadder sei Fraa erschosse.

Der annere Mann:
Des gibbds net. Sei Fraa!

Der aane Mann:
Ja. Un dann sisch selwer.

Der annere Mann:
Kerle, Kerle, Kerle.
Awwer es hätt schlimmer komme könne.

Der aane Mann:
Schbinnst du? Wieso schlimmer?

Der annere Mann:
No ja, wenn de Schorsch zwaa Daach frieher haamkomme wär, dann hädder misch erschosse.

Der aane Mann:
Ganz unner uns: Zwanzisch Jahr lang warn mir vollkomme glügglisch, mei Fraa un isch.

Der annere Mann:
Un dann?

Der aane Mann:
Dann hammer uns kennegelernt.

Der aane Mann:
Basse de Kall un die Andrea eischendlisch gut zusamme?

Der annere Mann:
Des kammer saache.
De Kall schnascht un die Andrea is schwerheerisch.

Der aane Mann:
Ganz unner uns: Zwanzisch Jahr lang warn mir vollkomme glügglisch, mei Fraa un isch.

Der annere Mann:
Un dann?

Der aane Mann:
Dann hammer uns kennegelernt.

En Mann, schdack aageduddelt nach em lange Ebbelwei-aawend Dribbdebach, is uffem Haamweesch.

Er will iwwern Eiserne Schdeesch niwwer. Es is awwer schdoggfinsder un forschbaa neeblisch, mer sieht eim sei Händ net vor de Aache.

Da schdeeßt er geesche en Mann, wo vor ihm im Neewel erumdabbt.

„Enschuldischung“, säschder, „Is hier irschendwo de Maa?“

„Ja, dirreggt hinner mir“, säscht der Mann.

„Sinn sie da sischer?“

„Isch denk schon. Isch komm grad ausem raus.“

„Wie wolle Sie dann en Baam umhaache?“ frääscht der Försder.

„Des zeisch isch Ihne gern“, säscht der Klaane.

Die zwaa gehn e paar Schritt in de Wald, un der Klaane hääscht im Nullkommanix Schdigger siwwe odder acht Beem um.

Dem Försder bleibt die Schbugge weg.

„Wo hawwe Sie dann des gelernt?“

„In de Sahara.“

„In de Sahara? Da gibds doch gaa kaa Beem!“

„Net mehr, net mehr!“

Die Omma geht eikaafe. Im Lade werds ihr uff aamaa asch schwindlisch, un sie kann sisch grad noch uff e Kist hieseddse, wo ausgereschent Eier drin sinn. Sie wischt sisch de Schweiß von de Schdern un säscht: „Jesses naa, isch glaab isch bried was aus!“

De Obba fiehlt sisch net ganz wohl, un die Omma schiggden zum Dokder. Em Obba sei Händ sinn als am Ziddern. De Dokder frääscht: „Kennds sei, dass Sie viel trinke?“

„Eischendlisch net“, säscht de Obba, isch verschidd es meisde.“

Zwaa befreundete Ehepaan warn ufferer Feier von ihrm Keeschelverein. Schbeed aawends fahn se zusamme haam.

Unnerweeschs säscht die aa Fraa zu der annern:
„Uschi, kannsde deim Mann net emaa saache, er sollt e bissi langsamer fahn? Es is doch zimmlisch ruddschisch uff de Schdraaß."

Da säscht die anner Fraa: „Ach, kaa Angst, die Schdraaß kennt mein Willi genau. Die fährt der im Schlaf, gell Willi? ... Willi? Willlii! Wilhelm!!

Töschdersche: Mamma, warum hat de Babba eischendlisch so wenisch Haan uff seim Kobb?

Mamma: Weiler so viel denkt.

Töschdersche: Un warum has du so viel Haan uff deim Kobb?

Mamma: Jetz sei doch emaa ruisch un ess dein Budding fäddisch.

De Kall un die Anna hawwe neue Nachbaan.

Anna: „Mer glaabds net: Der Mann gibt seiner Fraa en Kuss wenner fordgeht un wenner haamkimmt.
Warum mäschst du des net?"

Kall: „Ei isch kenn die Fraa doch noch gaanet!"

Die Fraa: „Isch hab e schee Iwwerraschung fer dein Geborzdaach. Des Bakeet is grad aagekomme."

De Mann: „Da bin isch awwer geschbannt!"

Die Fraa: „Aan Momment. Isch ziehs grad emaa aa."

Klaa Dochder: „Mamma, warum has du eischendlisch den Babba geheirat?

Die Mamma: „Ach, des frääschst du dich also aach schonn!“

Die zwaa Jungverheiradede hawwe ihrn ersde Krach.

Er: Un du willst mer weismache, dass drei Menner dir en Heiradsaadraach gemacht hawwe.

Sie: Allerdings.

Er: Da häddsde halt den ersde Simbel geheirad, wo dir en Aadraach gemacht hat!

Sie: Des habbisch ja.

De Dokder unnersucht die krank Fraa un frääscht ihrn Mann:

„Un seit wann ächzt und stöhnt ihre Frau denn so?“

„Ach“, säscht der Mann, „eischendlisch seit mir geheirad hawwe.“

En klaane Bub kommt bei de Bollizei neigerennt un rieft ganz uffgereescht: „Komme se bidde schnell, da verhääscht aaner mein Babba!“

En Bollizist rennt mit dem Klaane naus, wo sisch zwaa Menner geescheseidisch bees vermeebele.

„Wer von dene zwaa issen dein Babba?“ frääscht der Bollizist.

„Des waaß isch net. Desweesche verklobbe die sisch ja.“

E aal Omma guggt bei de Bollizei nei un säscht ganz uffgereescht:

Enschuldischung, isch war vorgesdern grad Midddaachesse am mache, da warn die Nudel all, un isch hab mein Mann zum Aldi geschiggt, awwer der is als noch net haam gekomme. Was soll ischen jetz bloß mache?"

„Ach" säscht der aane Bollizist, „machese doch eifach Pellkadoffele."

Klaaner Sohn: „Babba, was issen des, en Monolooch?"

Babba: „Des is in de meisde Fäll a Geschbrääsch zwische erer Fraa un ihrm Mann."

Der Autor

Hans Wolfgang Wolff, geboren 1926 in Frankfurt am Main, studierte Anglistik, Romanistik und Philosophie in Frankfurt und Grenoble. Er leitete den Sprachendienst und die Fremdsprachenfortbildung einer Weltfirma. Im Ruhestand schreibt er nun Geschichten und Gedichte, auch in hessischer Mundart.